ちくま新書

大人のためのメディア論講義

石田英敬
Ishida Hidetaka

1167

大人のためのメディア論講義【目次】

はじめに　007

第1章　メディアと〈心の装置〉　015
不思議のメモ帳とｉＰａｄ／記憶を補完する／心の延長線――身体拡張論／記憶をためる・消す・呼び戻す／心の構造／プラトンとファラオの文字／メモリーとリマインダー／文字とドラッグ／コピペ学生の起源／メディアは心の装置／知覚と意識は作られる

第2章　〈テクノロジーの文字〉と〈技術的無意識〉　041
ケータイがついて回る／手の解放は技術を、脳の解放は高度な言語活動・表象活動・記憶を／記号論とは――記号論は死んだ？／記号論を新しくつくりなおす／記号論がコンピュータを生んだ／記号論の二つのはじまり／コンピュータの「思想的発明」／ライプニッツの普遍記号論／哲学マシンとしてのコンピュータ／脳の活動を手が書く／「原‐メディア論」と「原‐記号論」／二つのメディア革命①——アナログ・メディア革命／文字テクノロジー・遠隔テクノロジー／「テクノロジーの文字」の革命／ソシュールの言語記号学／「テクノロジーの文字」と「知の革命」／「技術的無意識」の時代／技術的無意識／「私たちはテクノロジーの文字を読むことができない」／わたくしといふ現象——宮沢賢治のテレビ／意識の産業化／「時代区分」と「三つのテーゼ」

第3章 現代資本主義と文化産業 085

パースの記号論／資本主義の四要素／「テイラー・システム」／テイラー・システムからフォーディズムへ／夢の工場ハリウッドの誕生／「マーケティング」の創始者——欲望が消費を生む／軍事・ラジオ・コンピュータ／リビドー経済——「生きるノウハウ」を奪う／「消費」を「生産」する／コカ・コーラに脳を売る

第4章 メディアの〈デジタル転回〉 113

二つのメディア革命②——デジタル・メディア革命／情報革命と意識の市場／デジタル革命の始まり／計算機による書き換え／ライプニッツの発明／情報記号論／世界のデジタル化／デジタ

ル・メモリー／「検索人間」と「端末人間」／マトリクス化する世界／ボルヘスの地図、忘却を忘れた人／デジタル革命の完成／モノのインターネット／グーグル化する世界／グーグルの言語資本主義／言葉の変動相場制／アルゴリズム型統治／デジタル化時代の消費／アルゴリズム型消費／人間を微分する

第5章「注意力の経済」と「精神のエコロジー」 157

注意力の経済／「ハイパー・アテンション」状態の脳／チカチカする文字／ヒトの情報処理能力の限界／意味のエコロジー／メディアの気持ちになる／メディア・リテラシーの課題／テクノロジーの文字の「クリティーク」は可能か／ニコ動は批評か？／目には目を、デジタルにはデジタルを／真のクリティークを目指して／わが国のデジタル・アーカイヴ事情／批評空間を構築する／新しい図書館という制度をたちあげる／東京大学「新図書館計画」／電子書籍／電子書籍vs電子ジャーナル／理系の読書・文系の読書／人工知能と学問／電子書籍とノートの統合／文明の中心にある読書／読字と読書の脳神経科学／本という空間／ハイブリッド・リーディング環境／社会に「精神のエコロジー」を保証する場所

第6章　メディア再帰社会のために　209
メディア社会に再帰的になる／成長と消費から遠く離れて／日本の敗北／アメリカの情報資本主義／記号論の問いを立て直す／「デジタル転回」と再帰性／メディアから「プラットフォーム」へ／記号の再帰化／記号過程と情報処理／メディアの再帰化／生のアルゴリズム化／コミュニケーション文明の中の居心地悪さ／「象徴的貧困」の進行／「メディア再帰社会」という課題／クリティークの更新は可能か／認知テクノロジーとリテラシー実践／自分のプラットフォームをつくる／来たるべきユマニスト

おわりに　244

参考文献　248

はじめに

†クロマニョン人たちは「運動の文字」を書いていた

この本は、メディアとヒトとの古くて新しい関係について説いた本です。大人のためのメディア論講義と断ってありますが、子どもが読んではいけないアダルトな本という意味ではありません。誰にでも読めるようにすべての〈文字を読み書きするヒト〉に向けて書いたつもりです。

クロマニョン人だって、もし彼らが私たちの文字を読めたとしたら、この本を読んで、三万年後の現代のヒトのメディア生活のことを想像してくれたかもしれない。そして、彼らのメディア生活と比較したかもしれない。

そんなことを考えながらパソコンを打ちました。

なぜ、クロマニョン人かって?

クロマニョン人たちは、すでに三万年前に洞窟という彼らのメディア装置をもち、そこで「原-シネマ」を読み書きしていたことが知られているからです。

一九九四年に発見された、フランス南部のショーヴェ洞窟は、人類最古の動物の絵に覆われています。突進する牛の頭は何重にも輪郭線をかさねて描かれ、疾駆する野牛や飛びかかるライオンの四肢は幾筋もの線を重ねて、いまにも動き出しそうに、文字通り動く画として描かれている。篝火《かがりび》のゆらめく洞窟の暗がりに浮かび上がった動物たちの運動は、映画のショットの連続のように描き出され、物語的なコマ割の分節のなかに連ねられています。人びとのこだまする唄いと語りとともに、猛獣を追い狩りをする人間たちと群れをなしひしめき合い角を突き合わせる動物たちの疾走と鳴き声が、まざまざと目に見え耳に聴こえる、洞窟とは先史時代のシネマ装置だったのです。

クロマニョン人たちとは、「ホモ・シネマトグラフィクス(運動を描《か》くヒト)」だったと、この洞窟を調査した洞窟先史学者マルク・アゼマは書いています。シネマトグラフの語源は、「動きを(cinémato-)書き取る(graphe)」ですから、クロマニョン人たちは、「運動の文字」を「書《か》/描《か》いて」いた。そのように、先史学者たちは結論づけているのです。

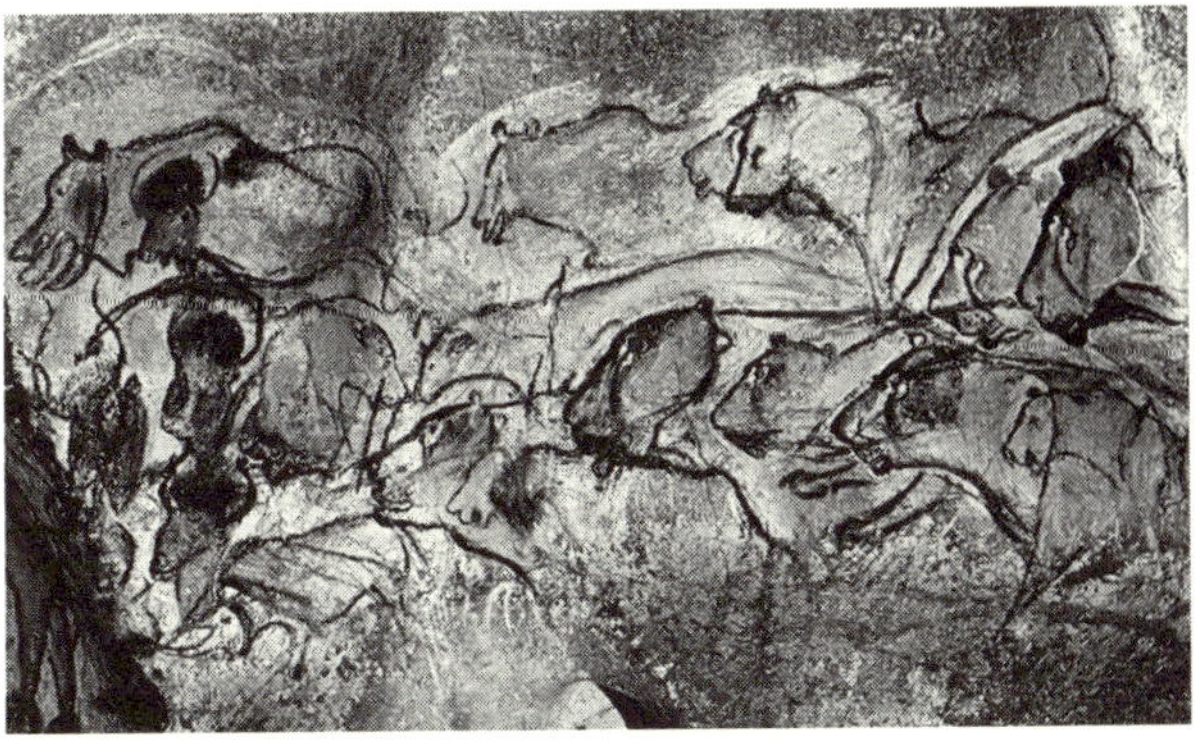

クロマニョン人によって描かれたショーヴェ洞窟のライオンの壁画

†クロマニョン人たちが教えること

クロマニョン人たちのメディア装置は、現代のメディア論に多くのことを教えます。

洞窟というメディア装置は、集団的な心の装置、夢の装置であったこと。地上の自然光の下で繰り広げられた動物たちの戦い、人間の狩りの動きを、記録・記憶・再現して、時間を先取りするかのように投影する想像力の母胎《マトリクス》であったこと。篝火のゆらめきの下で、生き物たちの動きをリアルに現出させ、谺《こだま》する音響とともにリズムに合わせて語り継いでゆく「語りの装置」でもあること。シネマトグラフ（運動の文字）は文字そのものよりも古く、その文字は動きという時空間の現象を、視覚要素に分解して分析すると同時に、視る・聴く意識を分節化して総合するものでもあったこと、などなど。私たちが、そこから引き出すべき知識はとても多いのです。

それから三万年をへて、人類は、今度は本当のシネマトグラフ（映画）を発明しました。一八九五年一二月、ぞろぞろと出てくるリヨンの女工たちの行列が、リュミエール兄弟の最初のフィルム「工場からの出口」で撮影された時です。それは、動きが、シネマトグラフという〈テクノロジーの文字〉によってはじめて書き始められた瞬間だった。しかし、それは同時に、機械が書く文字が、ヒトには読めなくなり、人間の意識のコントロールを逃れていくメディア史的な瞬間でもあったのです。

私たちは、一秒一六コマで流れる映像の一コマ一コマを視ることができないので、シネマトグラフが書き取り投影するフィルムの流れを運動として見ることができる。見えないから見える、という、メディアの〈技術的無意識〉の問題が、人類文明を捉えるようになりました。メディア・テクノロジーに支配される文明の危機が、二〇世紀以降の人類社会に次第に濃い影をおとしていくことになったのです。

この本は、そうしたメディア・テクノロジーの栄光と悲惨を、読者とともに深く考えることを目的としています。

二一世紀初頭の私たちの世界にいたるまでの一世紀余りの間に、人類はメディア生活において、何世紀分にも、あるいは千年紀分にもあたる大きな変化を経験してきました。

今日、私たちは0と1の記号列が光速に近い速度でめまぐるしく計算され、すべてが情報として無限のメモリーへと送り込まれていく、コンピュータの「数の行列《マトリクス》の洞窟」の住民となっている。

そんな人類のメディア文明の変化を、二〇世紀以降に照準して語ってみたのが、この本です。本と言っても、これは、私が「ちくま大学」でおこなった講義を起こして、その原稿を大幅に書き換えて、書き上げたものです。

†本書の構成

では、これからの六回にわたる講義の内容を手短に予告しておきましょう。

第1章では、フロイトの「不思議のメモ帳」をとりあげます。メディアを手掛かりに「心の装置」を構想したフロイトと、二一世紀にはスマートフォンやiPadのようなメディア端末が人びとと一対一の関係になった現代生活との関係を考えることから始めます。人間の心の働きと、それを補完するメディア装置とがぴったりと対応するようになってきたことが現代の私たちの「メディアの問題」だからです。

第2章では、メディアの問題と文字の問題とを直結させて考える私の基本スタンスを説明します。二〇世紀以後、シネマトグラフやフォトグラフ、フォノグラフ、テレグラフといった文字〈テクノロジーの文字〉が人類文明を大幅に書き換えます。これが「二〇世紀のメディア革命」で、メディアは人類文明に〈技術的無意識〉という大きな課題をもたらしました。

そこで、メディアと文明とを考える学問的枠組みとして、「記号論」という学問について解説します。記号論は、二〇世紀の現代記号論をさらに遡って、コンピュータの思想的な設計図を書いたライプニッツのバロック期の記号論にルーツを求めるべきこと、新たにこの学問をつくりなおすことによって、現代のコンピュータの発達によって進みつつある、「世界の記号論化」を捉えることができる、という私の理論的立場を解説します。

第3章では、大量生産・大量消費という二〇世紀の資本主義の構成要素として、テイラー・システム、フォーディズム、文化産業、マーケティングの四要素を取り上げます。二〇世紀のアメリカ資本主義の発達を「欲望の経済（リビドー経済）」の側から支えたのは、映画やレコードのアナログ・メディア革命が可能にした意識の産業的な生産でした。それが「文化産業」の問題です。フォードがT型フォードをベルトコンベア・システムで大量生産していくのと並行して、ハリウッドの映画産業が、「夢の工場」で、大衆の夢を長編映画として組み立てていったこと、大衆心理の「心のなかの隠された市場」を操作するノウハウとして「マーケティング」のテクノロジーが、フロイトの甥エドワード・バーネイズによって確立されていったことを解説します。

第4章では、二〇世紀の第二のメディア革命である、デジタル・メディア革命について考えます。デジタル革命とは、全てのメディアがコンピュータになる大転換であること、人間の記号生活において、「記号」と「情報」とが表裏の関係になることを説明します。それを原理的に捉えるためにはライプニッツの普遍記号論にまで遡って、記号論を情報記号論としてつくりなおす必要があることを説きます。さらに、メディアの「デジタル転回」によって、人間と情報との間に、「検索人間」化や「端末人間」化、「言語資本主義」、「アルゴリズム型統治」、「アルゴリズム型消費」など、これまでにない問題が浮上してきていると問題提起します。

第5章では、デジタル・メディア時代の意識資源の枯渇の危機と、「精神のエコロジー」について考えます。ヒトの情報処理能力を超えた、大量の情報が氾濫するメディア生活では、「注意力の経済」による意識資源の争奪が激化して、「ハイパー・アテンション」状態が常態化しかねません。情報生活においても、エコロジー的な視点の導入が必要です。そのためには、メディアを捉え返す知識技術の研究開発、メディアの生態系の設計とデザイン、公共空間の整備が必要なことを説明します。

最後に、第6章では、「メディア再帰社会のために」と題して、メディアの再帰化の問題、メディアを捉え返す回路を社会が整備していく必要、精神のエコロジーのために、これからのメディア社会を私たちはどのように構想して生きてゆけばよいのかを、具体例を交えながら展望します。

分かりやすく説いたつもりですが、ときに、初学者には理解が難しいかもしれない、哲学や人文科学や情報学の理論的な話が出てきます。とくに第2章、第4章では、記号論の学説の話など難解に感じるかもしれません。その場合には、それらの章は後回しにして、分かりやすい章から読み進めていただければと思います。

それでは、「大人のためのメディア論講義」を開始することにしましょう。

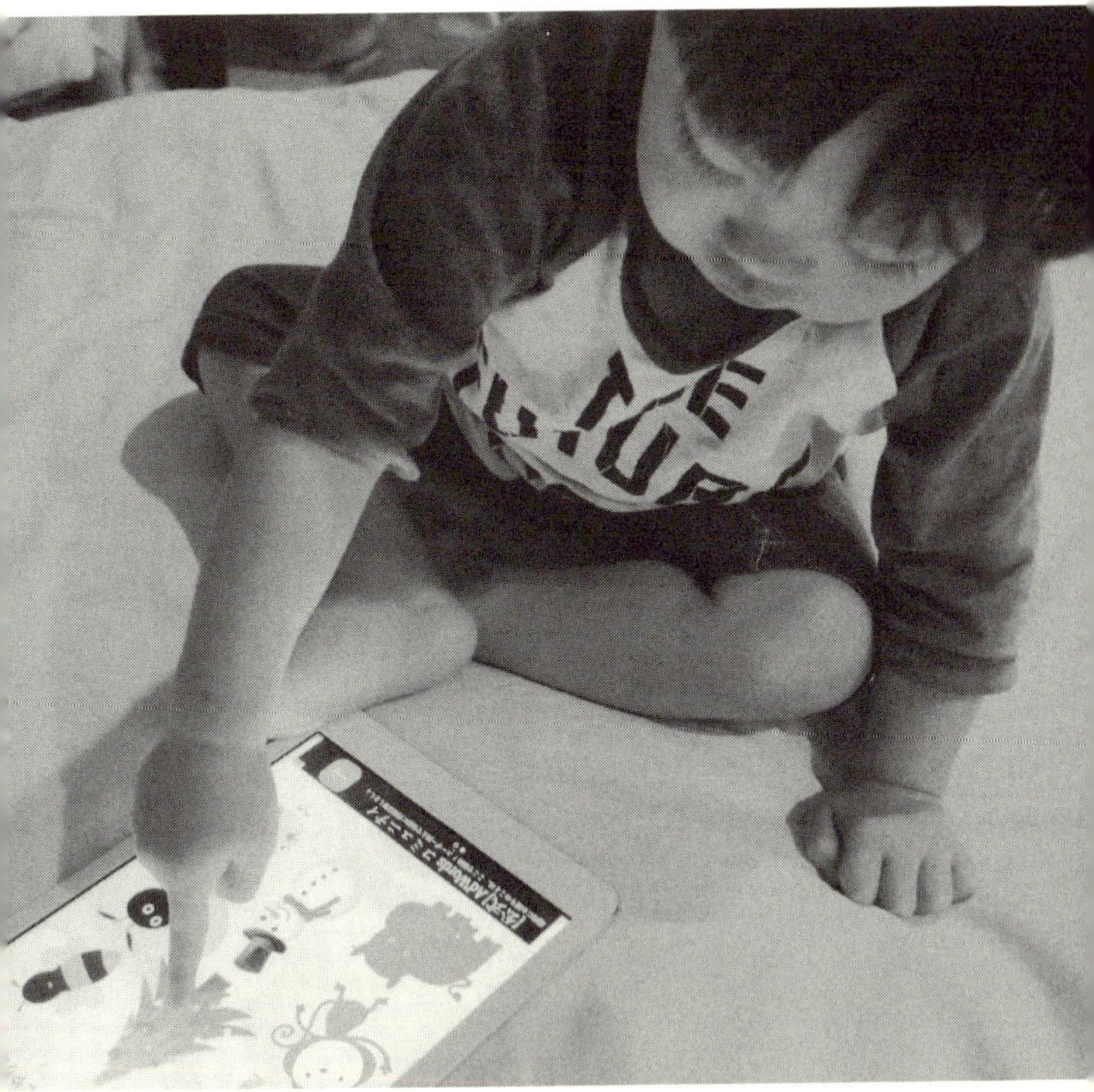

第 1 章

メディアと〈心の装置〉

A. Namba ‘Digitus Dei Est Hic !’

†不思議のメモ帳とｉＰａｄ

それでは、メディア論講義の本論へと進むことにしましょう。

ここから述べていくメディア論が、どういうものであるかをお分かりいただくために、まず、フロイトの「『不思議のメモ帳』についての覚え書き」という短いテキストを入り口にしようと思います。

ジークムント・フロイト（一八五六―一九三九）は精神分析の父です。しかし、ここでは精神医学や心理学の話をしようというわけではありません。彼は一九二五年に「『不思議のメモ帳』についての覚え書き」と題した小論を著しました。そこで彼が取り上げている「不思議のメモ帳」というのは、ドイツ語では「Wunderblock」と名づけられたのですが、英語ではmagic pad、日本でも昔から知られた、一般的に「お絵描き板」「マジックスレート」と呼ばれる子供向けのおもちゃです。私が子供だった頃にもありましたし、皆さんも一度は使ったことがあるのではないでしょうか。これと原理的に全く同じ構造をしているものが今日存在しています。それこそ、アップル社のｉＰａｄやｉＰｈｏｎｅです。

これからお話しするように、フロイトは不思議のメモ帳を「心の装置」を考える手掛かりにしたのですが、もしそうだとすれば、いままでは毎日、ｉＰａｄやｉＰｈｏｎｅを使っ

図1－1　不思議のメモ帳（左）と現在の magic pad（右）

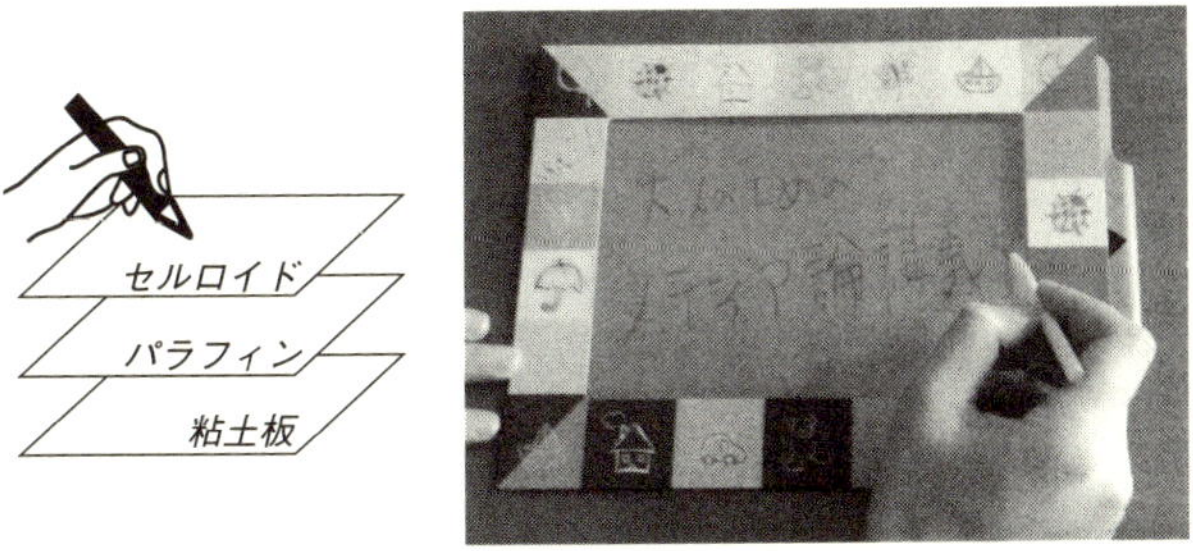

て生活している現代人の「心の装置」についてはどのように考えればいいのか。この問題をめぐって考えてみるのが、この導入レッスンの課題です。

図1－1の右はアマゾンで買ったものの写真ですが、一九二五年当時は、もうちょっと厚みのあるものだったでしょう。いまではペンに磁石が仕込まれていて、それにボード面の砂鉄が引き付けられて絵が描けるという仕組みもあるようですけど、昔からあるおもちゃです。字や絵が描けて、表面のパラフィン紙をはがすとそれが消える。

フロイトの論文は、この「不思議のメモ帳」について書かれた文章です。フロイトはこの筆記具の仕組みを、「心の装置」を考える時の特権的なモデルとして捉えた。「不思議のメモ帳」の素材自体は時代に応じて変わってきているんですが、仕組みは同じです。まず、表面に透明なセルロイド板が付いている。これはいま、プラスチックの防護板になっていますが、その下に、薄いパラフィン紙が付いている。さらにその下には蠟板（粘土板）がある。表面に字や絵を描くと、セルロイド板を通してパラフィン紙が押される圧力で、その跡が浮かび上がってくる。そのパラフィン紙をはがすと、書いた字や絵が消える。そういうことを繰り返していく筆記具です。フロイトは、これこそが人間の心の装置のモデルであると考えたのです。

†記憶を補完する

フロイトには、一八九〇年代から一貫して考えている研究テーマがありました。ひとつは人間の記憶はどのように成立するのかということで、もうひとつは人間の知覚・意識と記憶はどのような関係にあるのかということです。

この頃フロイトは、非常に有名な論考『自我とエス』（Das Ich und das Es 一九二三年）を著しています。人間の心は「自我」と「エス」と「超自我」から構成されていると考えるべきだという、いわゆる第二局所論を提起した論文です。このように心の仕組みをモデル化するという試みを盛んに行っていた頃のフロイトが「不思議のメモ帳」の存在を知り、これこそが人間の心のモデルとして考えられる理想的な筆記具だと述べているのです。

この「『不思議のメモ帳』についての覚え書き」には、だいたい次のようなことが書いてあります。人がメモ帳を使うのは、記憶力に限界があるからだ。覚えておくための補助としてメモを取っておくことで、その記憶を補完している。紙にメモをインクで書いていくと、当然のことながらメモの量はどんどん増えていく。そしてその紙がメモ書きで埋め尽くされてしまえば、そこに新しく書き込むことはできない。紙のメモ帳では記憶されている容量を一度ゼロに戻し、また新しく入力するということができない。このように、まず紙にメモを取るという記憶の補助の仕方、ソリューション（解決法）がある。

もうひとつは石盤にチョークで書いては消し、書いては消しというやり方がある。この場合、書くメディア（媒体）の表面は何度も消す、つまり初期化することができる。したがって書き込む量という意味では入力量に制限はない。ただし消してしまえば残らないので、忘れないように記憶を保存するという機能が保たれないというジレンマがある。私たち人間の精神（心の装置）にも、そうした問題があるのではないか。

つまり、ここがフロイトのメディア論の入り口になっていて、ここから論理が展開していきます。紙にインクでメモしておく、石盤にチョークで書くというのはすなわち、メディアを使うということです。メディアを使うことによって、人間の心理活動を補完する。逆に言えば、人間の心理活動の延長線上にこれらのメディアがある。これらメモ帳・石盤などの記憶装置は、人間の精神を補完する一部であるということになります。

†心の延長線――身体拡張論

この論考をよく読むと、フロイトはメディアについてそういう理解をしていたのかと気づかされます。この頃はまだ、メディア論という学問は存在していません。後にマーシャル・マクルーハン（一九一一―八〇）によって、人間の身体・心理の働きを延長する技術がすなわちメディアであるという考え方が身体拡張論として定式化・理論化されるのですが、フロイトはこの時すでに、そうした紙の表面や石盤は人間の心の延長線上にあるという捉え方をしていました。

フロイトは、次のように書いています。私たちが使っている眼鏡や写真機、補聴器は、私たちの目や耳といった感覚器官を補完するものである。感覚器官にかんしては耳と同じ構造を持った補聴器をつくり、目と同じような構造を持った光学装置（写真機・眼鏡・望遠鏡）をつくっている。しかし人間の記憶能力は、補助用具（メモ帳や石盤）のような限界をもたない。その意味では、これらの補助手段（メディア）は、人間の記憶装置よりもかなり不十分である。これにたいして「不思議のメモ帳」は、非常に進化したメディアである。なぜならこれは、石盤のように書いては消すことができるからである。

普通ならここで終わりで、私だったらこれは石盤と同じじゃないかと考えますけど、フ

図1－2　ジークムント・フロイト（1938年ロンドンの書斎にて）

ロイトはそうではなく、この「不思議のメモ帳」は書いたものをずっと留めておくことができると指摘します。

昔の「マジックスレート」は一番下の部分が蠟板（粘土板）で出来ていて、書き込んだ跡がずっと残るようになっているので、そうした書き込み自体が積層して残っていく。フロイトは「不思議のメモ帳」がそういう構造を持っていることに注目していまず。パラフィン紙を持ち上げれば一回ずつ初期化できるけれども、それと同時に書き込みも蠟板（粘土板）に記録として保存されていく。「不思議のメモ帳」は初期化と保存の両方を行うことができる装置なので、人間の心のモデルに非常に近いというのです。

しかしながら、人間の心にはまだやれることがある。この「不思議のメモ帳」では、一回消してしまうと書いてあったものを呼び戻すことはできない。そういう意味では限界がある。もしこれが呼び戻せるようになったら、つまりすべての記憶をリコールする（想い出す）ことができる機能を持ったとしたら、それこそ文字通り「不思議」な「メモ帳」である。つまり、人間の心と同じ構造を持った装置になる。人間の心の装置の一歩手前というところまで進化した筆記具が、この「不思議のメモ帳」であるというのです。

他にもフロイトは、この論考の最後のほうで面白いことを言っています。自分の理論で言えば、「不思議のメモ帳」が一番下（蠟板・粘土板）にさまざまな痕跡を留めているというのは、「無意識」のモデルとして考えられる。その上にある薄いパラフィン紙は「知覚・意識」、これをプロテクトしている透明なセルロイド板は人間の知覚・心理活動を保護している感覚器官の部分に相当する。

書いたり消したりという入力を担当しているのは、フロイトが言うところの「知覚＝意識系」のシステムです。まず、感覚器官から刺激が、入力されたことによって、「知覚」され「意識」される。それはいずれ消されてしまう、忘れ去られてしまうけれども、心の底には書き込まれていく。それをもう一度呼び出すことができるようになれば、人間が「思い出す」ことができるのと同様の機能を備えることになる。

こうした「知覚＝意識系」の活動は、人間の身体の活動と連動しており、夜になるとスイッチがオフになるように一度消えて眠り込む。昼に活動している時には光が灯るように明るくなる。そういうことを繰り返していく。フロイトは一九二五年に、「不思議のメモ帳」は自分が考える人間の心理のモデルに最も近いメディア装置だと言ったのです。

†記憶をためる・消す・呼び戻す

一九二五年から一世紀ほど経《た》った現在、私たちはiPadを使っています。これは言わば、「不思議のメモ帳」が進化したものです。「不思議のメモ帳」は、原文のドイツ語ではWunderblockですが、英語ではmagic padと訳されたりしています。じっさいコンピュータの歴史では「magic pad」というインターフェイスが考えられた時期があって、それが進化したのがアップル社のiPadなんです。

iPadも「不思議のメモ帳」と同じように、書き込みをしたりいろんな写真・動画を撮ったりしても簡単に消すことができます。しかし一度入力されたものの痕跡はメモリやサーバー上にストックされていて、いくらでも呼び戻すことができます。何が書かれたか、撮られたのかを検索すれば、簡単に出てきます。ですからフロイトがこのiPadの存在を知ったとしたら、すごく喜んだのではないかと思います。これこそ自分が考える理想の

「不思議のメモ帳」だと。そこから推論すると、我々はフロイトが考えているような心の装置と同じものを手に入れてしまったのではないかと思うわけです。

じっさい、フロイトが言うところの理想の「不思議のメモ帳」は、現代のメディア端末と非常によく似ています。さらに言えば、これはまさしくｉＰａｄそのものです。たとえ消されても、一度入力されたテキストや音声・映像の痕跡は、コンピュータのメモリあるいはサーバーの中に留められています。コンピュータという機械がメモリ（記憶）を持っているということもまた、非常に面白いメタファーです。そしてメディア端末を通して外部世界から無際限に刺激を受け取り、一度意識を通してそれが消えては、記憶の中に送り込まれています。

私たちはこの心の装置を持ち歩き、これを通して世界と結びついている。これが二一世紀のメディア状況です。心の装置はｉＰａｄだけでなく、スマートフォンもそのひとつです。いまはすべての機械がコンピュータになったので「心の装置」は至るところにあって、この心の補助具によってお互いが結びつき、コミュニケーションを取っている。

私たちは人と話しているのではなく、電話と話をしている。私たちは世界を見ているのではなく、コンピュータの画面を見ている。このような心の代理装置を介して、私たちは人々とも世界ともつながっているわけです。「心の装置」を外部化して持ち歩き、その中

図1-3　「不思議のメモ帳」と「心」の構造的相似

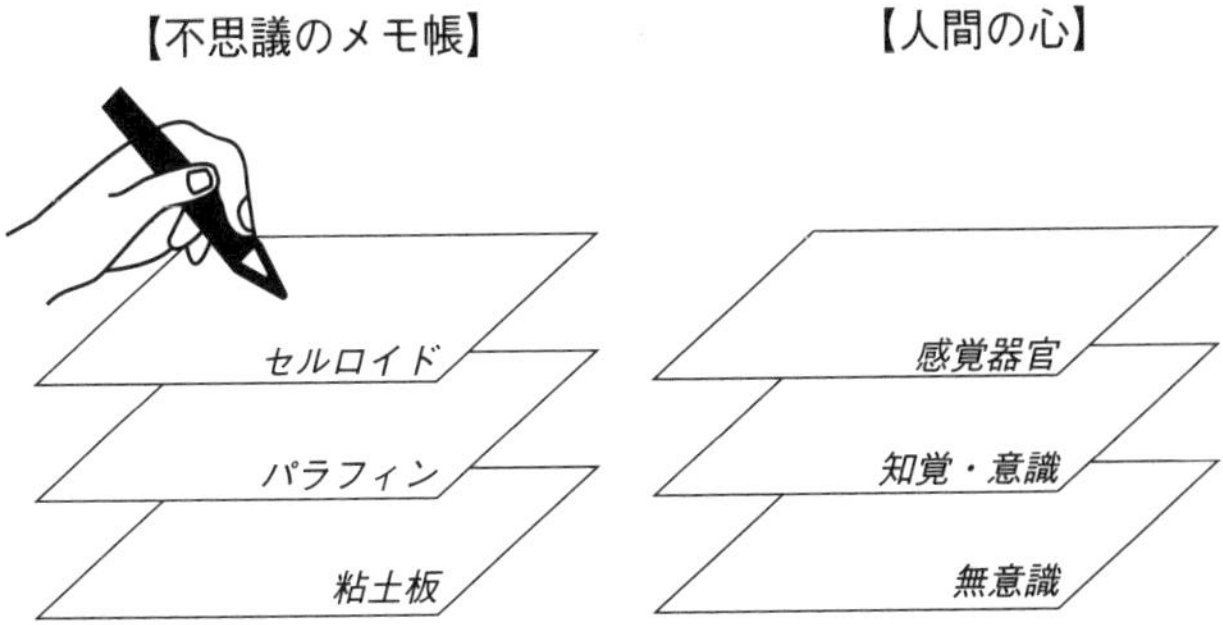

にいろんな記憶を溜め込んでいって、そこから経験を思い出すことをしている。これこそが、メディア化された世界を生きているということです。

†心の構造

フロイトは、一番下にある蠟板（粘土板）に刻まれていく痕跡の領域がすなわち「無意識」であると言っているわけですが、私たちの情報端末において、その無意識の部分はテクノロジーを通して人々や世界の情報の流れと結びついています。私たちは、そこからさまざまな情報を送り込まれている。つまり私たちがいま、ｉＰａｄやスマートフォンを通して行っているコミュニケーションの生活と、一世紀前にフロイトが考えていた、人間心理の「心の装置」とが、技術的にちょうどイコールになったのです。

私たちはいま、そんな時代に生きていることになります。

フロイトは「不思議のメモ帳」によって、人間の心の構造を説明しました（図1－3）。まず表面にある透明なセルロイド板は人間の知覚＝意識系を保護する「感覚器官」の部分、その下にある薄いパラフィン紙は「知覚＝意識系」を概念化している。その部分で、何か見えたり聞こえたりする、またそれに気付く、意識するということが起こる。知覚＝意識系はそれを担当している部分です。外界から感覚器官を通して入力されるエネルギーは、セルロイド板（感覚器官系）とパラフィン紙（知覚・意識系）を通過して、一番下にある蠟板・粘土板（無意識）に書き込まれる。この心理システム全体が「自我」である。その自我は、もっと下の体の方からも興奮エネルギーの侵入を受けている。当時のフロイトの考えでは、この内部から汲み上げられるさまざまな身体的興奮が上がってくる領域を「エス」と言います。外界からの入力と、人間の身体の内部から起こってくる興奮との二つで、人間のエネルギー系はできています。これが心の装置論です。

しかしこの「不思議のメモ帳」では、いったん書き込まれた記憶を呼び戻せない。それが呼び戻せるようになるには、もうひとつの仕組みが必要になる。これをフロイトは「前意識系」と呼んでいます。これは言語機能のことです。言語機能があれば記憶の層に書き込まれた痕跡を呼び戻すことができる。じっさい私たちは言語を使うことで、過去の記憶を意識に呼び戻したり、また意識にのぼる前の状態に留めて記憶していますね。そうして必要なときに、記憶の領域に検索をかけることができる。ところが、「不思議のメモ帳」には、この「前意識系」というシステムが決定的に欠けている。だから、記憶痕跡を呼び戻すことができない。しかし、その機能も備えることになったら、それこそが本物の「不思議のメモ帳」の完成である。そうフロイトは述べている。

いまお話しした内容を図式的に整理すると、だいたいそういうことになります。

もうひとつ「超自我」という機能が必要ですが、これは言語の機能が文化的に内面化されたものであるとフロイトは言っています。

†プラトンとファラオの文字

次に、話はさらにプラトンまで遡ります。プラトンに『パイドロス』という対話篇があります。この中に文字の発明についての有名な神話があるんですが、これはフロイトの「不思議のメモ帳」論文と同じ問題を扱っていて、ここではソクラテスが、文字を発明したエジプトのテウトという神とファラオ（タモス王）とのエピソードを紹介している。テウトというのはいろんな発明をする技術の神です。では読んでみましょう。

「この神様は、はじめて算術と計算、幾何学と天文学、さらに将棋《しょうぎ》と双六《すごろく》などを発明した神であるが、とくに注目すべきは文字の発明である。ところで、一方、当時エジプトの全体に君臨していた王様の神はタモスであって、この国の上部地方の大都市に住んでいた」。ここで、ちょっと間を飛ばしましょう。

だが、話が文字のことに及んだとき、テウトはこう言った。「王様、この文字というものを学べば、エジプト人たちの知恵はたかまり、もの覚えはよくなるでしょう。私の発見したのは、記憶と知恵の秘訣なのですから」（岩波文庫、一六三ページ）

要するに文字は記憶の補助になるから、そのぶん知が進化するだろうと言っているわけです。

しかし、タモスは答えて言った。「たぐいなき技術の主テウトよ、技術上の事柄を生み出す力をもった人と、生み出された技術がそれを使う人々にどのような害をあたえ、どのような益をもたらすかを判別する力をもった人とは、別の者なのだ」（同頁）

ここはちょっと分かりにくいかもしれませんが、要するに技術開発した人と、その技術を使うとどんな功罪があるかをジャッジすることができる人とは別だと言っている。

「いまもあなたは、文字の生みの親として、愛情にほだされ、文字が実際にもっている効能と正反対のことを言われた。なぜなら、人々がこの文字というものを学ぶと、記憶力の訓練がなおざりにされるため、その人たちの魂の中には、忘れっぽい性質が植えつけられることだろうから」（二六三〜一六四頁）

タモスは、文字という補助具を使うとこれに頼って記憶するようになるから、記憶能力が減殺されてしまうのではないかと言っている。我々はすっかり文字人間になってしまったので、この感覚がなかなか分かりにくいと思うんですが、これを電卓とかに取り換えてみればすぐに分かるでしょう。我々は電卓を使うようになってから、暗算ができなくなりましたから。

†メモリーとリマインダー

ちなみにこのエピソードを語っているのがソクラテスで、書き残しているのがプラトンであるという点も重要です。ソクラテスとプラトンは、ただ師弟関係にあるというだけではありません。ソクラテスは言葉の人で、文字を書かない。一方でプラトンは、ソクラテスが語った言葉を書いた人です。ここには非常に大きな、文明の過渡期的断絶があります。ソクラテスはどちらかというと、タモス王の言うことはもっともだと考えるわけです。それからさらに、タモス王は次のように言う。

「それはほかでもない、彼らは、書いたものを信頼して、ものを思い出すのに、自分以外のものに彫りつけられたしるしによって外から思い出すようになり、自分で自分の力によって内から思い出すことをしないようになるからである」（同頁）

ここでタモス王は、さらに分析的に言っています。文字は記憶のしるしに過ぎない。しるしとして外に書きつけられたものによって記憶するようになると、自分の内から思い出すという記憶力の本来のあり方が弱められてしまう。続けて、次のように言います。

「じじつ、あなたが発明したのは、記憶の秘訣ではなくて、想起の秘訣なのだ」（同頁）

この翻訳はちょっと分かりにくいんですけど、人間が何かに頼らずに思い出すことができる能力、すなわち記憶のことをギリシャ語でムネーメー（μνήμη）といいます。一方、想起（補助記憶）はギリシャ語でヒュポムネーシス（ὑπόμνησις）というんですけど、この系列の言葉はいまでもギリシャ語で使われています。コンピュータのリマインダー（re-minder）というのがそうです。文字というのは、リマインドする仕掛けに過ぎません。「秘訣」というのは特殊な言葉で、ギリシャ語でファルマコン（φάρμακοy）と言います。これはドラッグのことです。文字というのはドラッグである。薬であると同時に毒でもある。そういう両義的な意味を持つものであるとして、「ファルマコン（秘訣）」という言葉

図1－4　プラトンとソクラテス
（オックスフォード大学所蔵）

を使っている。

†文字とドラッグ

これについては非常に長い哲学の議論があり、中でも有名なのはジャック・デリダの「プラトンの薬法」(本書巻末の参考文献リスト参照)という論文です。プラトンのこの箇所は、文字とは何かということを巡っての二人の対話になっています。タモスはさらに、次のように反論する。

「あなたがこれを学ぶ人たちに与える知恵というのは、知恵の外見であって、真実の知恵ではない」(同頁)

「すなわち、彼らはあなたのおかげで、親しく教えを受けなくてももの知りになるため、多くの場合ほんとうは何も知らないでいながら、見かけだけはひじょうな博識家であると思われるようになるだろうし、また知者となる代りに知者であるといううぬぼれだけが発達するため、つき合いにくい人間となるだろう」(同頁)

単に書いてあるものをそのまま読み上げれば、それで知恵のふりをすることができるが、それは本当の知恵ではない。本を読んで得た知識は、見かけだけのものだと言っているのです。実際に本人から教えてもらって、ちゃんと自分で習熟した知識こそが本当の知識なのであって、本に書いてあるようなことは外出しされた知識に過ぎない。これまた文字人間となってしまった私たちにとっては、意外なことが述べられているようですが、ソクラテスにとっては、これは常識なんです。

ソクラテスの対話というのは、ものを読んで知ったかぶりをする人が出てきて「あの本だったら読んだけど」と言い、それにたいしてソクラテスが「君は本当にそれを分かってるの？」と問いかけるところから始まり、「実はそういうのはまがいものの知識で、実際に言葉によって得られる知識が本当の知識なんだよ」と繰り返し諭します。いまから二四〇〇年遡ると、文字についてこういう問題が起こっていたわけです。人間の学問の出発点にあるプラトンの対話篇でこうした文字論が展開されているということは、よく記憶に留めておきたいです。

†コピペ学生の起源

プラトンの「学園《アカデメイア》」では、若者たちが文字を読んで生半可な知識で事足れりとしているとソクラテスのような教師は嘆いていた。現代の大学の教師たちは、最近の学生たちはどうも本を読んでいない。実際にちゃんと読んで理解せずにネットに載っている知識を単にコピペして論文を書いたり、レポートを提出したりしていると嘆いている。教師たちはつねづね学生たちに、それはモラルに反することで、まがいものの知識だとお説教したりしている。本に書いてあること、自分で読み、頭で理解して、自分の手で書き記したことこそ、本当の知識なんだ、と。

ところがギリシャのアカデメイアでは、ソクラテスがエジプト神話のタモス王に、本に書いてあることをリピートするのは偽物の知識だと言わせている。この差はいったいどういうことなのか。私たちにしてみれば、このソクラテスの文字観や書物観は非常に意外に見えるけれども、これからの世界で、果たしてコンピュータ画面で、コピペするのは偽りだと言い切れるのか。ここには、メディア論の核心的な問題が現れています。

まず、記憶という問題が争点となります。文字を発明したのは記憶するためだという主張がある一方で、文字のような技術に頼って思い出すのではなく、内側から思い出すべきだという主張があります。つまりムネーメー（記憶）か、それともヒュポムネーシス（想起・補助記憶）かという、内と外との対比があったわけです。

もうひとつの争点は、技術とは何かということです。人間の内ではなく、外に置かれている手段・技術によって思い出す。これはいまで言うところのメディアで、メディアによって記憶したり、あるいは記憶が補助されていたりする。ここでは、これらのことを問題にする二つの古典的なテキストを少し読んでみたわけです。

メディアとは秘訣（ファルマコン）である。これには良い効能もあるけれども、悪い効能もある。ソクラテスはそういう両義的な言葉を使って、記憶の問題について述べています。これは二四〇〇年前のことです。そして一世紀前、フロイトが心の装置のモデルとして「不思議のメモ帳」に注目した。現在、私たちはｉＰａｄなどといった心の装置を手にしていますが、この心の装置は、私たちの外にあるとも言えます。そういう意味でメディアは、タモス王にとっての「文字」と同じポジションにあります。

またフロイトは「不思議のメモ帳」はまだ人間の心になっていない、なぜならその装置は思い出すということをしないからだと言っています。ところがｉＰａｄになると、装置がすべてを忘れずにいて、検索すれば、たちどころにそれを思い出す。いまやメディアがここまで進化して、メディアでできた「心の装置」は、そのような機能を持つに至ったわけです。

ではｉＰａｄ（コンピュータ）が思い出すということと、私たち人間が思い出すということは同じなのか。あるいはメディア（コンピュータ）に支援されて考えることと、人間が心（精神）で考えることは同じなのか。そういう問題が二四〇〇年前、一〇〇年前、現在で繰り返し扱われています。これらの問いが特に、記憶という問題をめぐって提起されてきたということを、ここでは確認しておきます。

†メディアは心の装置

それでは次に、記憶の問題の逆を考えてみましょう。記憶の反対はもちろん忘却です。記憶は過去にかかわるもので、過去の反対は現在になる。その問題もちょっと考えてみたい。「『不思議のメモ帳』についての覚え書き」でフロイトが特に気にしていたのは、書き込んだものが消えていくということです。人間の記憶の幅には限界があるので、いまのことは知覚し意識しているけれども、それはどんどん消えていく。彼はこの心の装置のモデルとして「不思議のメモ帳」に興味を持ったわけです。

メディアというのは、記憶を補う装置である。人間はどうしても忘れてしまうから、文字や「不思議のメモ帳」、iPadでそれを補完する。では、意識はどうなのか。人間は知覚から、いろいろな情報を入力されている。今日はこういうことがあったとか、いまどういうことを話しているとか、いつも現在時で知覚をつくりだし、生活している。たとえば石盤にチョークで書かれて、消される前のひとつの記憶の幅が現在である。あるいは紙であれば、そこに書き込まれる間は現在である。そういうふうに、人間の意識は現在をべースにして成り立っている。記憶量に限界がある場合、それが保たれている間、書き込みができる間は現在時に情報が留まってくれている。ところがそれを初期化すると、書かれていた情報はどんどん過去へと送り込まれて、新しい情報が入力される。フロイトが「不思議のメモ帳」というメディアに注目したのは、そういう仕組みをモデル化するためです。

では、現在の意識とメディアはどういう関係にあるのか。これは、記憶とメディアの関係とちょうどペアになります。つまり知覚からの入力の部分です。フロイトの「『不思議のメモ帳』についての覚え書き」にも、感覚器官については、光学装置（カメラのレンズ）のようなところから情報が入るだろうと書いてある。実は、「情報」という用語で説明する原理が一般化するのはそれ以後の時代なんですが、ちょっと現代的な言い方をするとそうなります。感覚器官から情報が入力されて知覚・意識が生み出され、やがてそれがクリアされてどんどん記憶へと送り込まれていく。

たとえば私がスマートフォンもｉＰａｄもパソコンも持っていなければ、現在の意識は私のいまいる場所で入力されるものに限られるわけですが、感覚器官を拡張するさまざまなディバイスを持つと、そこから多種多様な情報が入力されてくる。これがメディア化した生活です。私たちは別に、記憶をつくるためにテレビを見ているわけではない。むしろ現在の知覚・意識をつくるために見ています。つまり世界でどんなことが起こっているか、どういう人が話しているかを見ているわけです。そうやって現在をどんどんつくりだすことによって、意識生活を行っている。

ただしフロイトが言うように、私たちの意識生活の処理能力には限界がある。テレビを見ていようがいまいが、現在時で処理できる情報量は同じです。現在時における人間の知覚意識の容量は一定であるとして、さまざまな感覚器官の代理をするディバイスが私たちの周囲を取り巻くようになってくると、他の場所やいろんな人の現在時も入力されてくる。私たちの意識生活は、そういう意味ではどんどん拡大していくことになる。これは二〇世紀以後の生活なんです。

†知覚と意識は作られる

一九世紀には写真機、電話、蓄音機、電報、シネマなど、人間の感覚器官を延長する入力装置がどんどん発明されました。それらが人間の生活を大きく書き換えていくのが、二〇世紀なのです。二〇世紀がメディアの時代と言われるのは、一九世紀に発明された感覚器官を延長するさまざまな技術が人間を取り囲むようになり、私たちの知覚と意識の現在がつくられるようになったからです。

そして、いろんな情報がどんどん私たちの意識に入力されるようになると、「不思議のメモ帳」と同じことが起こります。つまりどんどん書き込まれていくと、情報を蓄積することができないから、それと同じだけクリアするようになる。メディアの歴史の中で、そういうことが広く起こるようになってきた。かつて新聞は毎日一回しか刷られず、人々は二四時間同じ入力画面を読んでいたわけですが、やがてラジオが発達し、テレビ放送が始まると、毎時間それがクリアされていく。さらにいまのようにネットの時代になると、いろんな人がいろんな書き込みをし、なおかつそれがどんどんクリアされていく。そうやっていろんな知覚・意識が次々と生み出されていくということは、それと同じだけの情報が消えていくということでもある。さらに、どんどん情報が消されていくということは、どんどん忘却していくということでもあります。

メディアは最初、記憶装置だったはずなんだけど、これは発達すればするほど忘却装置になっていく。どんどん情報のサイクルが短くなって、人びとは忘れるようになったのではないか。いろいろなメディアを駆使するようになればなるほど、人間は記憶しなくなるのではないか。先ほどのタモス王は、そういうことを言っていたわけです。人びとは記憶するのではなく、記憶するふりをするようになると。

私もそうですが、人に何かを伝える場合、文章で書いて伝えるよりも、動画を撮って送ったほうが手っ取り早いですし、記憶の代わりに動画を撮ったりする。そうするとタモス王が言っていたように、外部から記憶するようになります。コピペする学生だけでなく、我々もそういうふうになってきているのです。

こうなってくると、ちょっと前のことでもすぐに忘れるようになります。たとえば私たちは二〇一一年三月一一日の東日本大震災で大量に津波や原発事故の映像を見ましたが、いまでは日常生活においてほとんど忘れてしまっています。あれほどあらゆるものが動画に撮られて記録され、アーカイヴ化された出来事は歴史上なかったわけですが、それであるがゆえに人びとはあっという間に忘れてしまいました。あれほど巨大な出来事が起こったにもかかわらず四年を経ずしてあっという間に忘れてしまう。これこそがメディアの記憶の問題ではないかと思います。つまりメディアは記憶の装置であると同時に、忘却の装置でもあるわけです。いま話したようなことがこれからお話ししてゆく、メディアと人間の問題の入り口であると考えていただければよろしいかと思います。

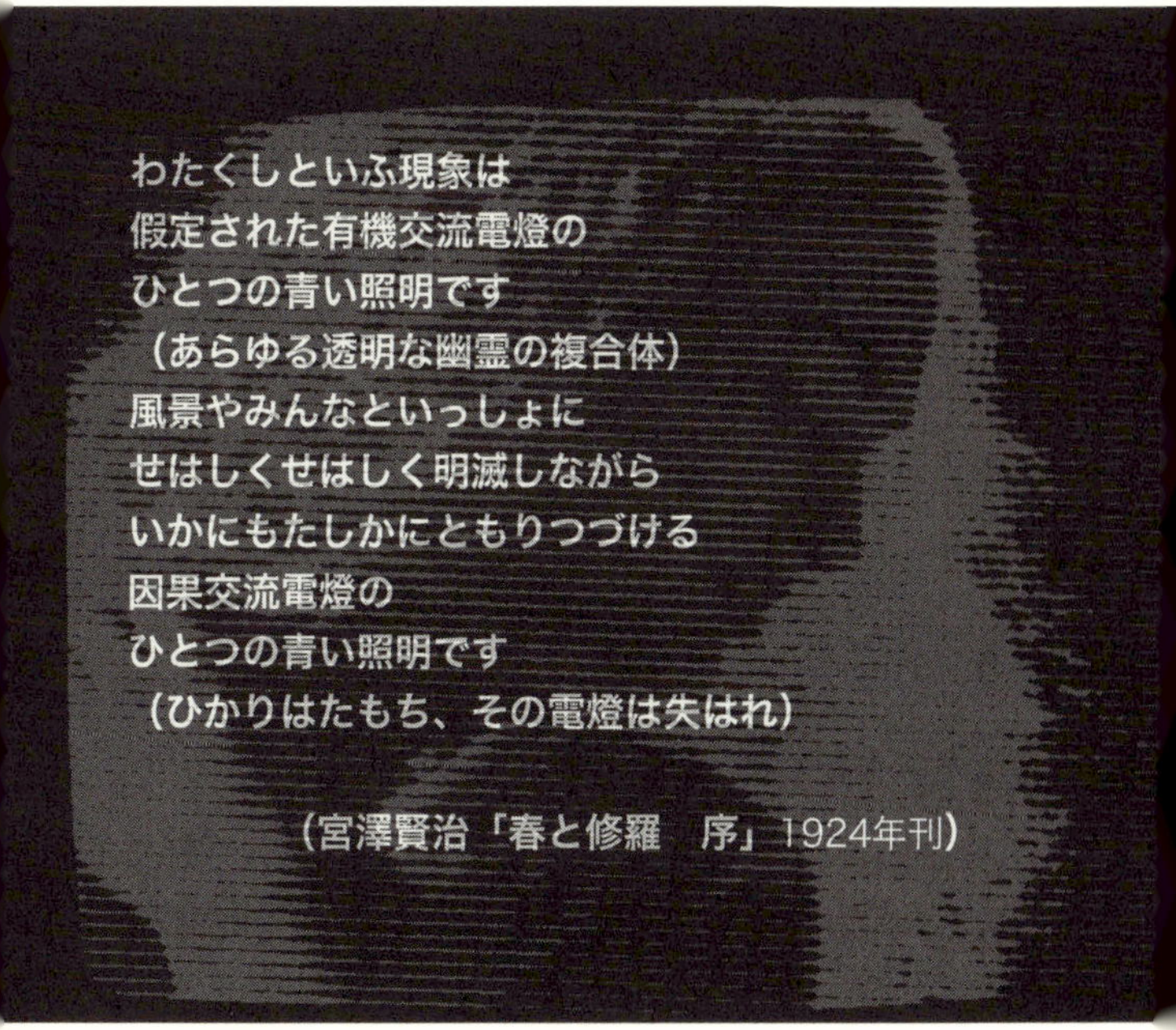
わたくしといふ現象は
假定された有機交流電燈の
ひとつの青い照明です
（あらゆる透明な幽霊の複合体）
風景やみんなといっしょに
せはしくせはしく明滅しながら
いかにもたしかにともりつづける
因果交流電燈の
ひとつの青い照明です
（ひかりはたもち、その電燈は失はれ）
（宮澤賢治「春と修羅　序」1924年刊）

第２章
〈テクノロジーの文字〉と〈技術的無意識〉

石田英敬「わたくしといふ現象は…」

†ケータイがついて回る

前章ではフロイトの「『不思議のメモ帳』についての覚え書き」を手掛かりにして、私たち人間の「心の装置」と「メディア端末」が対応すること、それによって生じる「人間」の「心」の問題について考えました。本章以降では、これを「社会」の問題にまで広げていこうと思っています。

いまや世界中の何十億人たちがケータイを持つようになり、iPhoneやiPadなどといったメディア端末がほぼ一人に一台という割合で普及しています。では、一人一人にメディア端末がついて回るようになったというのはどういうことなのでしょうか。

まず、「人間」とは何かという非常に大きな話から始めましょう。ヒトはいかにしてヒトになったのかという人類進化の問題があります。アンドレ・ルロワ＝グーランという二〇世紀フランスを代表する先史学者・社会文化人類学者がいます。彼は先史時代について非常に大きな仕事をした人です。アイヌの研究もしていて、日本に来たこともあります。

彼が一九六四年に書いた『身ぶりと言葉』（荒木亨訳、ちくま学芸文庫、二〇一二年　原書刊行は一九六四年）には、次のような理論が出てきます。進化論的に言うと、ヒトをヒトたらしめたのは「直立二足歩行」である。ヒトの祖先が直立することによって前肢は歩行という機能から解放されて「手」となり、身ぶりと道具使用が可能となった。頭蓋は直立によって後頭部・前頭部の容積が局大化し、大脳皮質の展開が促進される。手は道具の制作と使用を生み、発達した大脳皮質はことばや思考の活動の中枢となる。地面から離れた鼻面は咀嚼器官が後退して額が後退し「顔」が生まれる。

図2-1　直立二足歩行による「手」と「頭蓋」の解放

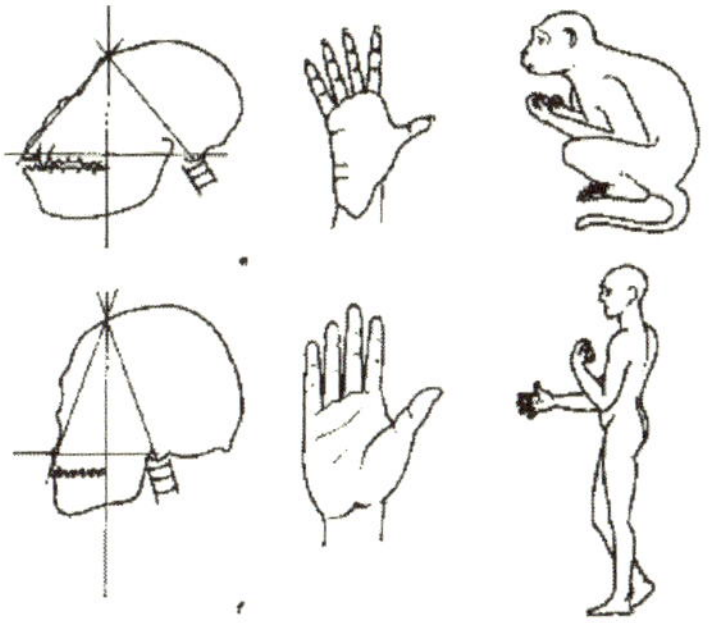

図2-2　ヒトの脳における大脳皮質扇の展開

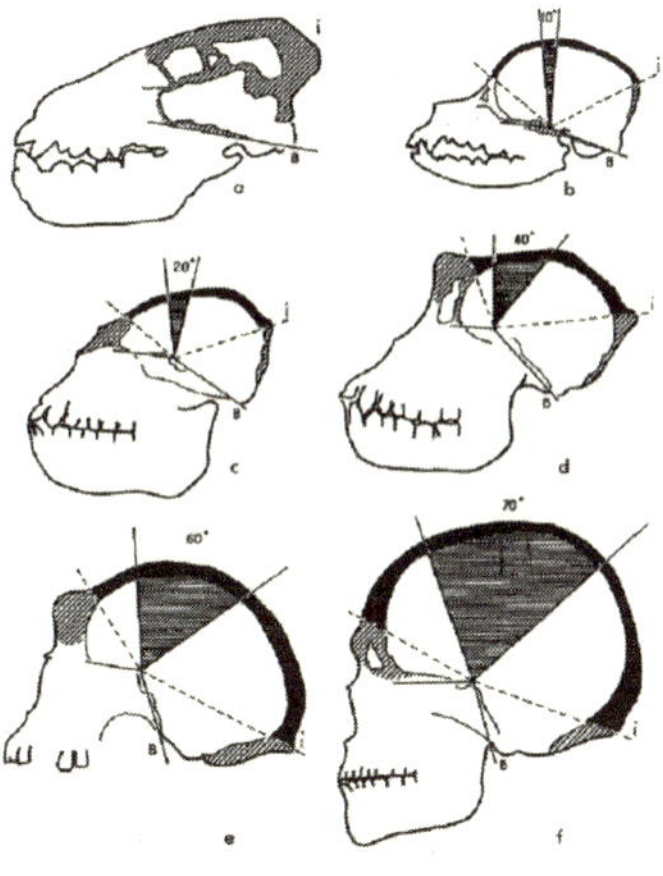

図版：アンドレ・ルロワ＝グーラン『身ぶりと言葉』より

直立二足歩行により、「手の解放」と「脳の解放」という二つの進化上の大事件が起きたわけです。

手の解放は技術をもたらし、脳の解放は高度な認知活動（言語・表象・記憶）を可能にしました。四足歩行である限り、動物の顔は鼻面《はなづら》です。ところが直立することにより、その鼻面が表情を持つ「顔（face）」に変化します。そうすると「顔」と「ことば」が連動し、ヒトの「対面」関係が生み出され「社会」が成立するようになる。「身ぶり」による道具の使用という「技術」の活動、ことばやイメージによる「象徴（記号）」の活動、顔を向き合わせてコミュニケーションを交わす「社会」の活動という、三つの活動の次元を、進化論的に一挙に獲得できたわけです。「技術」・「記号（象徴）」・「社会」という人間文明の基礎をなす三次元は、ここに淵源しているわけです。

†手の解放は技術を、脳の解放は高度な言語活動・表象活動・記憶を

人間が直立二足歩行することによって広がったのは、前頭部と後頭部です。直立することによって頭が地面から離れると、前頭部と後頭部の容積が増えます。たとえばヒヒの脳には、後頭部がほとんどありませんが、人間の場合、直立することによって前頭部・後頭部の容積が増え、脳が発達します（図2－3参照）。

図2－4はカナダの脳外科医・神経生理学者ワイルダー・ペンフィールドの「脳内の小人（ホムンクルス）」です。人間の脳の運動野や体性感覚野と体部位との対応関係をまとめ、図式化したものです。これが図示するとおり、大脳皮質は手や顔を操る中枢を構成しています。直立して、大脳皮質の扇が開くことによって言語・社会関係・手の活動を司る中枢が獲得された。

図2－3　ヒトの脳における運動野と体性感覚野の発達

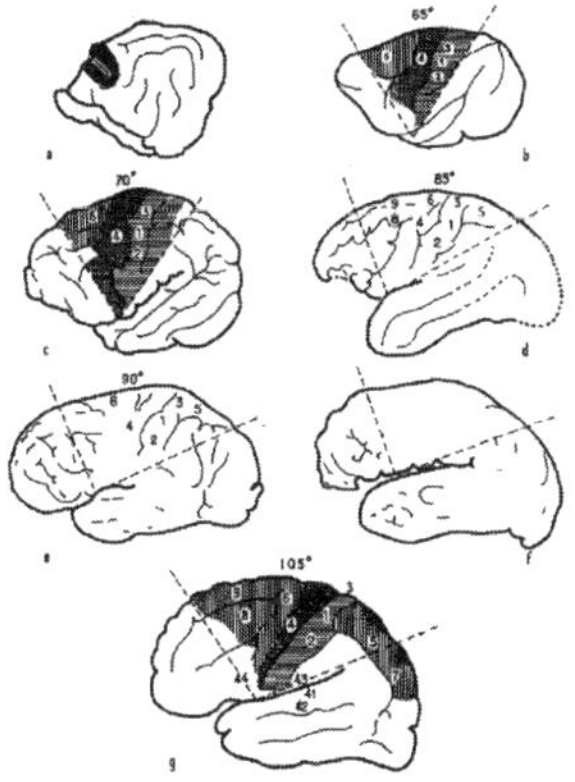

図2－4　ペンフィールドの「脳の中の小人（ホムンクルス）」

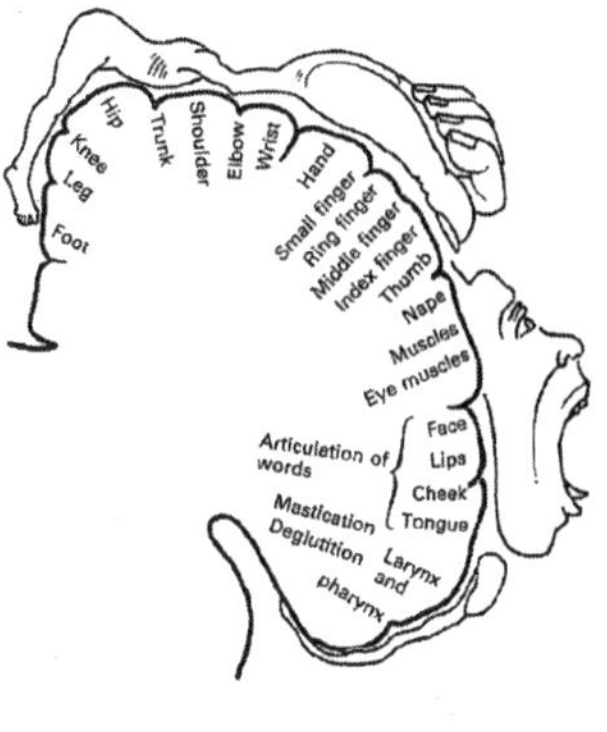

図版：アンドレ・ルロワ＝グーラン『身ぶりと言葉』より

ルロワ＝グーランは、文明生活の進化論的な根拠はここにあると考えた。

技術は人工の補助具をつくりだします。補助具というのは英語でprosthesisと言います。Prosthesisは、義肢や人工器官のような人間の身体を補綴《ほてつ》する人工物のことも指します。ギリシャ・ラテン語がもとになっていますが、このprosthesisという言葉を語源的に分解すると、prosは「〜に向かって」「〜の前に」「〜のために」という意味の前置詞です。そしてthesisは、あらかじめポジショニング（定立）するという意味です。つまりprosthesisとは、何かのためにあらかじめポジショニングしておくということです。

たとえば石斧は、何かを切る・割るという活動のために使われます。すなわち石斧は、草木や動物などの切る・割る「対象」を、それが実際に使用される前から、あらかじめ時間と空間のなかに、それを使うヒトの身ぶりの対象として位置づけています。人間は、道具をつくることによって、対象との関係を時間的・空間的に「先取り」するようになったわけです。そのようにして、人間の「時間」、人間の「空間」として、人工の「環境」がつくられていくわけです。メディアの問題もまた、このような技術の発生の起源まで遡って考えるべきなのですが、それについては、もう少し先で述べます。

次に考えてみたいのが、言葉・イメージの活動の起源です。脳の解放により、言葉・イメージを操る高度な脳の認知活動がヒトには可能となりました。特に大脳皮質が、そうした認知活動をサポートしています。これを象徴の活動とか表象の活動とか言います。私がおこなっている記号学・記号論は、このシンボリックな活動についての学問です。

†記号論とは──記号論は死んだ？

ではここで少し、私が研究の基礎にしているその記号学・記号論についてお話ししましょう。

「記号論（Semiotics）」とは、言葉・イメージなどを「記号（Sign）」という概念で捉えて理解しようとする学問です。

一九八〇年頃に学生だった世代の人たちは、この学問の名前を覚えているでしょう。ところが日本の場合、近代以降、哀しいかな輸入学問なので流行《はや》り廃《すた》りが非常に激しいのです。記号論も、日本がバブル経済に沸いていた時代に、「消費社会」現象を説明する理論としてもてはやされました。私は一九九二年に東京大学教養学部の教師になりましたが、その時にちょうどカリキュラム改革があって「記号論」という新設科目を担当して以来、二〇数年間にわたってこの学問と付き合ってきています。その私があえて言いますが、記号論という学問は、日本のみならず世界的な流行り廃りという観点から言えば、すでに一度終わった学問なのです。

にもかかわらず世界の現実の方を見てみると、いまや、私たちの世界・私たちの生活の方が「記号論」化しています。記号論が流行らなくなり、記号論学者がリストラされても、社会的にさしたる影響はないかもしれません。しかし世界そのものが「記号論」化されたとなると、記号論という学問が消滅してしまうというのは、何かがおかしい。そういう意味で、現在の記号論は逆説的な状況に置かれています。私は、この逆説を巡って、この記号論という学問を根本的に考え直し、それを新しくつくりなおす仕事をやってきたひとりなのです。

これは大変に孤独な作業で、独断と偏見に満ちた言い方ですが、世界でたった三人ほどの理論家がそれを進めてきました。一人は、ドイツの人で、フリードリヒ・キットラーという有名なメディア哲学者でした。残念ながら彼は四年ほど前に亡くなっています。もうひとりは、私の無二の友人でもあるフランスの哲学者ベルナール・スティグレール。そして、日本ではただひとり、この私です。

いま、記号論をやっている、などと大学人や出版編集者の前でうっかり口にしたりすると、「ははーん、それって終わった学問だよね」というような物知り顔をされることがよくあります。三〇年も四〇年も前に流行った学問が「記号論」なんだと多くの人が思ってしまっているんです。記号はシニフィアンとシニフィエからできているとか、言語は差異からできているとか、構造主義だとか、ロラン・バルトの記号学だとか、レヴィ＝ストロースの人類学だとか、ヤコブソンの言語学だとか、そういう知識がだいたい「記号論」なんだろうと高を括っているわけですね。確かにそれらも記号論で、まったくの嘘というわけではないのですが、そういう少し昔の理論をどう捉え返すかという重要な課題がそこにはある。仕方のないことですが、人びとは、「知」の最前線で何が起こっているかに無知なのです。

輸入学問に慣れていると、モード現象みたいに外国で生まれた理論を消費する傾向が生まれます。本当にクリエイティヴな仕事を、研究者が自分自身でできなくなってしまう。流行が終わると次に移ろうというような、残念ながら、とくに日本の文科系の研究者にはそういう軽薄な傾向があるのですね。

†記号論を新しくつくりなおす

私の研究は、しかし、そのようなものではないので、この学問の課題とじっくりと向き合って、現代世界に十分に通用するようヴァージョン・アップしようという仕事をしてきたつもりです。理論は、一過性のモードのように消費するものではなくて、この世界を根本的に理解するために、自分自身の手で独自につくるものなのです。とくに私のように還暦も過ぎた研究者であれば、学者人生もまとめの段階ですから、自分はこんなことを研究してきましたというだけでは不足で、私は研究の結果、こんな理論をつくりました、これが私の記号論というものだ、と言えるのでなければ本物とはいえない。特に文科系の学問領域で日本では独自の理論をつくる仕事をする人が少なすぎます。

さて、学問業界への不平・不満はそれぐらいにしておいて、では、私のいう、「世界そのものが記号論化した」とは、いったいどういうことなのかを説明しましょう。

いままでは、電話もテレビもカメラもビデオも、要するに、あらゆるメディア機器・情報通信機器がデジタル化したことはみなさんご存知ですよね。日本では数年前にテレビのデジタル化ということが実現されて、アナログテレビの時代は終了しました。これは、テレビが全面的にコンピュータになったことを意味しています。本の電子書籍化ということが、最近さかんに喧伝《けんでん》されていますが、これも本がコンピュータになりつつあるということです。

電話もテレビも家電も本も新聞も、みなそれぞれちがう姿をしているけれども、どれもこれもみな、原理的にはコンピュータになっていく。いまでは、メガネがグーグルグラスになったり、車がコンピュータになったり、モノのインターネット（IoT）とかいわれるように、あらゆるモノにＩＣチップが埋め込まれて、現実世界のほぼ全体が、コンピュータの原理で動くようになった。私たちの世界は、普遍的にコンピュータ化した世界になりつつある。それこそが、私が「世界が記号論化した」と言うときに、意味している事態です。

†記号論がコンピュータを生んだ

記号論から言わせてもらえば、これをもって、「世界が記号論化した」と考える。なぜかというと、「コンピュータの原理」を考え出し、その「哲学的設計図」を書いた基礎にある学問こそ、「記号論」だったからです。

そしていままでは、テレビや電話、スマートフォンやｉＰａｄというのはすべて「記号論マシン」で、今日では、これらの技術機器が私たちの生活を取り囲んでいる。ケータイ電話のように、それは私たち一人一人に付いて歩くようにさえなったわけです。あらゆる人にスマートフォンやケータイ電話が付いて回っているし、グーグルグラスのようにウェアラブルなコンピュータになれば、そういった端末を自分たちの身体に密着させて生活することになる。あるいはさらに進んで、ＩＣチップを身体に埋め込むというレベルにさえ達しつつある。我々人間は、コンピュータを身にまとうことでサイボーグ化する一歩手前にまで来ているわけです。

ところがいま、そのもととなった学問的設計図を書いた記号論が忘れられるという逆説的な事態が起きている。だからこそもう一度、記号論という学問のルーツを捉え直す必要があるのです。そして、なぜそういう状況に至ったのかを検証し立てなおさなければなりません。

もったいぶらず先に申し上げておくと、記号論が一時廃れたように見えた理由は、二〇世紀後半に流行した記号論は、アナログ・メディアの記号論だったからです。いま求められている記号論は、世界がコンピュータ化したデジタル・メディアの時代の記号論で、そここそ記号論の学問としての本当の出番があるのです。

†記号論の二つのはじまり

記号論には二つのはじまりがあります。

ひとつは、さきほど言いましたように、日本では一九八〇年頃に一定の理由があって流行した（その理由については、詳しくは、第6章で述べます）。そのときの記号論とは、スイスの言語学者フェルディナン・ド・ソシュールやアメリカの哲学者チャールズ・サンダース・パースを出発点とするとされた。それは、二〇世紀の「現代記号論」です。

しかし、それよりももっと古い、バロック時代の近世の記号論――「バロック記号論」――というもうひとつの系譜が存在しています。二つの系譜は無関係ではありません。認識の歴史をよく理解している者から見れば、これらはひとつの連続した学問系譜なのですが、とりあえずは区別されます。そのバロック記号論がおこなったのが、「コンピュータの哲学的発明」だったのです。

コンピュータが今日の情報産業社会を動かすテクノロジー原理となっていることにはどなたにも異論はないでしょう。

†コンピュータの「思想的発明」

コンピュータは、二〇世紀半ばに、アラン・チューリングの万能マシンや、クロード・シャノンの数学的通信理論、そして、数学者のジョン・フォン・ノイマンによって一九四六年に提案されたフォン・ノイマン型コンピュータの設計によって、実際に生み出されたものとされるのですが、哲学的に発明されたのは、歴史をもっとずっと遡るバロック期、一七世紀半ばから一八世紀半ばのヨーロッパでのことです。みなさんもよく名前を知っている、デカルトやパスカル、ホッブズやロック、ライプニッツといった哲学者が活躍していた時代のことです。

意外と知られていないのは、コンピュータとは、その時代に、これらの哲学者たちによって、「知性」や「言語」の「改革」のなかで創案されたものだ、という事実です。今日のコンピュータはそのころに、一大「哲学計画」として構想された「哲学マシン」だということです。

それが、数世紀をかけて学問的に深められ、そしてついに実用化されたのが、二〇世紀になって登場した今日のコンピュータだということを理解しましょう。皆さんは、哲学なんて役に立たない、机上の空論を語っている、なんて思っていませんか。だから、人文社会科学はいらないなんて政府文科省まで言い出す始末です。愚かなことです。しかし、デカルトやパスカルやロックやライプニッツが、原爆を開発した「マンハッタン計画」よりもずっと壮大な「哲学の計画」を立てて、数世紀もかけてそれが実行されたからこそ、こんにち私たちはコンピュータを使って生活するようになったわけです。数世紀前の「哲学計画」が、今日の世界を動かしている。その中心ドグマが、「普遍記号論」です。

†ライプニッツの普遍記号論

コンピュータは、誰が発明したか？　それは一七世紀末に哲学者のゴットフリート・ヴィルヘルム・ライプニッツ（一六四六―一七一六）によって発明されたのです。

ライプニッツは、バロック期を代表する大思想家ですが、その彼が思考を合理的に記す人工言語を作るという計画を立て、それを計算機で扱うという構想を打ち出したときに、いまのコンピュータにいたる壮大な哲学プロジェクトが立ち上げられたのです。ウンベルト・エーコは存命する最も有名な記号学者ですが、彼が著した『完全言語の探求』（上村忠男・廣石正和訳、平凡社ライブラリー、二〇一一年）では記号論の系譜が網羅的に洗い出されている。これを読めば、ライプニッツによる計算機の構想が、コンピュータの哲学的設計図を書くという歴史的企てであったことが分かるでしょう。今日のコンピュータは、

図2-5　ライプニッツ（Gottfried Wilhelm Leibniz）

その時すでに原理的には発明されていたのです。

当時、人工言語によって計算可能な思考をモデル化する試みは「哲学言語」の探求と呼ばれてさかんに行われていた。ライプニッツだけでなく、デカルトやパスカルといった哲学者・数学者も人工言語を考察したり、計算機を考案したりしています。つまりバロック期の哲学界でコンピュータの思想的研究が行われていて、そこが出発点になって、三世紀かかって、二〇世紀の計算機科学にまで発達していく。論理の形式化が可能となり、哲学的なプロジェクトから工学的なプロジェクトへと徐々に書き換えられていく。これがコンピュータを産み出していく近世以来の「記号論」の学問的系譜なのです。

ライプニッツはこうしたプロジェクトを「普遍記号論（Characteristica universalis）」と呼んでいました。これが一七〜一八世紀のバロック記号論がコンピュータの原理を構想していく出発点になる。ちなみに、ギリシャ語 sēmeion から「semeiotike（セメイオティケー）記号論」という言葉を造語し記号論の必要性を提唱したのはライプニッツと同時代のライバル、イギリス経験論のジョン・ロックです。イギリス経験論の側でも、大陸の合理論の方でも、言語や記号や論理を扱う「記号論」と呼ばれる学問が、思考の形式化の問題を研究する流れを形成した。その中で発明されたのが今日のコンピュータにいたる人工言語と思考の論理計算の原理なのです。

†哲学マシンとしてのコンピュータ

「思考とは計算である」と言ったのはトマス・ホッブズです。すべての言語は0と1からなる人工記号のシステムで書くのが最も合理的で良いと言ったのはライプニッツです。0と1で書けばすべて計算マシンで計算することができるから、そういうバイナリ（二進法）な人工言語で書きましょうと彼は主張した。そしてじっさいに計算機を設計してみせた。

私が、コンピュータの発明者がライプニッツだというのは、そういう最も原理的な発明が彼によってもたらされたからです。コンピュータの思想的設計図はバロック記号論によってつくられ、それから三五〇年をへて、いまや世界はじっさいにすべてがコンピュータによって計算され動くようになった。しかし、どういうわけか、記号論という学問そのものが、もう終わった学問だとされて、存続の危機に立たされている。この逆説的状況は、非常に重要な問題を孕んでいると私は思います。

私が強調したいのは、一七～一八世紀に端を発したバロック記号論を設計図として、いまの世界が動き始めたということなのです。ならば、「普遍記号論」化する世界の本質に迫っていくためには、もう一度その記号論とはどのような哲学的計画だったのか。その設計図に戻らなければいけない。そこから記号論の計画を捉え返すことで、すべてがコンピュータ化した現在の世界を動かしている原理が見えてくるはずなのです。そのために記号論のプロジェクトを、もう一度やり直さなければならない。

学問も、走り幅跳びと同じです。記号論という学問のチャレンジをやり直し、できるだけ遠くまで跳ぶためには、いちど下がらなければならない。ソシュールやパースといった二〇世紀の始まりまで戻って理解するのでは十分でなくて、もっと遠くバロック期の哲学プロジェクトにまで遡る必要がある。そのぐらい助走距離を長くとるのでなければならない。そうでなければ二〇世紀を超えて、世界自体が「普遍記号論」化している二一世紀の文明を捉える長い射程を手に入れることができないからです。

†脳の活動を手が書く

ここで話を戻しましょう。先ほど、直立二足歩行がヒトを人間たらしめたと言いました。直立することによって手が解放され、脳が発達した。手は道具をつくり（技術の活動）、脳は言葉を代表とする認知活動（記号の活動）を爆発的に発達させた。この技術の系譜と記号の系譜が、人間の進化の途上でクロスする「手」と「脳」の活動があります。

それこそ、ヒトが脳の活動を「手」で「カ」くという活動です。「カ」くとわざわざカタカナで書いたのは、それが、「書く」でも、「画く」でも、「描く」でも、あるいは単に線のような痕跡を「掻く」でもありうるからです。絵や字や数を書く／描くという出来事が起こったときに、直立二足歩行による「ヒトの発明」以来、並行して進行してきていた「身ぶり」の系列と「言葉やイメージ」の系列がクロスするという、人類進化の一大事件が起こったわけです。

人類の直立二足歩行以来、「手」の「身ぶり」が道具をつくり使用する一方で、ヒトはさまざまな「言葉」を発し、さまざまな「イメージ」を思い浮かべる。これら二つの活動が並行して進化していき、ある時、とつぜん「手」が「脳」の精神活動を「カく」ようになる。たとえばラスコーやショーヴェの洞窟壁画のように、「絵」や「図」を描いたり、シュメール人がしたように粘土板に「文字」を書いたりする。これは手の解放・脳の解放以来の大きな出来事です。絵や文字が発明されたことによってヒトは、自分が見たり考えたり思い描いたりする脳の表象活動――精神の活動――を「表現」する時代に入ったわけです。

脳が思い浮かべたイメージを手がカくためには、そのための「道具」が必要になる。それこそ、表象活動の支持体としての「メディア（媒体）」の成立なのです。「言葉やイメージ」を絵や字に書く／描くようになったとき、「言葉やイメージ」の活動が対象化されます。そのとき、「記号の知」が目に見え、伝承可能なものとして生み出された。「原－記号学者」がこのとき生まれたといえます。また、言葉やイメージを書く／描くための支持体としての「メディア」についての知も当然生み出されましたから、「原－メディア学者」もこのとき生まれたわけです。クロマニョン人の時代から、ヒトは、「記号論」も「メディア論」もすでに始めていたことになります。

†「原－メディア論」と「原－記号論」

ここでくわしく文字と書物の歴史を話す余裕がないのですが、まず、粘土板やパピルスや亀の甲羅や壺や石板などといったものが最初のメディア、つまり記号を書き取る装置として出てくる。そこから現在のｉＰａｄに至るまでの、メディアの永い永い進化史があるわけです。

原理だけでいえば、まず脳の活動を手で書く／描く時代があり、絵・図・文字・数字が書／描かれていた。印刷が発明され、グーテンベルクの活版革命もあり、文字を機械で複製する時代があった。ところが一九世紀になると、文字を書く作業を機械が代わってやるようになる。つまり機械が文字を書くようになるわけです。

手で文字を書く時、紙や巻物や冊子本はすでにメディアである。しかしたいていの人は、それらをメディアであるとは考えないと思うんです。おそらくメディアと言って思い浮かべるのは、テレビ・レコード・映画などでしょう。しかし本は、機械が文字を書くようになった時にはじめて、紙メディアと呼ばれるようになったわけです。

そしてさらに機械が文字を書く段階から、その文字を「計算」できるように「数字」に書き換えていく。これは人間の思考論理の数式化と言語の形式化であり、計算論化・自動化です。少し先走って話しますと、計算機は、人間が便利に使える速度にまで処理能力を高め、二〇世紀後半のデジタル革命で、コンピュータは実際の使用に耐えるマシンになっていく。今日ではこれが、人間の能力をはるかに超えるところまで来ているわけです。

†二つのメディア革命①──アナログ・メディア革命

二〇世紀には二つのメディア革命がありました。一九〇〇年前後の「アナログ革命」と、一九五〇年前後の「デジタル革命」です。この章では、まずアナログ革命を見ていきます。

アナログ・メディアの革命は、すでに一九世紀をとおして技術的には準備されていました。一八二五年にニエプスが写真を発明する。一八七六年にベルが電話を、一八七七年にエジソンがフォノグラフ（蠟管再生機）を発明した。一八九五年リュミエール兄弟が工場から女工たちが出てくる映像を撮影した。一九世紀を通して、こうした一連のアナログ・

メディア技術が発明されていきました。
学問においても、言語の研究のためにフォノトグラフやキモグラフというフォノグラフと同じアナログ原理の音声解析装置が使用され、音声学・音韻論という学問が登場する。エチエンヌ＝ジュール・マレーの写真銃のような記録装置が使われて運動が研究される、それ以外にも様々な実験的なアナログ機械が使用されて、形態や音響の知覚や運動視が研究され、実験心理学が発達しました。

二〇世紀になって、写真、映画、電話、レコード、ラジオの普及のように、これらのアナログ・メディア技術が産業的にも使われるようになって、実際に人間の文明を大幅に書き換えていく「アナログ・メディア革命」が起こっていくわけです。

写真以後のこれらのメディアの特徴は、機械が書く文字であることにあります。書物の時代までは、人間が文字を読み書きすることによって、文明の生活が成り立っていた。しかしアナログ・メディアの時代になると、機械が文字を書くようになる。文字の書き手の変化は、二〇世紀以後のメディア問題を考えるうえでとても重要なポイントとなるのです。

†文字テクノロジー・遠隔テクノロジー

アナログ・メディアとは、機械で書く文字にまつわる技術であることは、それぞれのメディア技術の呼称を見れば一目瞭然です。

写真（フォトグラフ Photograph）は「光（photo-）を書く文字」、レコードつまりフォノグラフ（Phonograph）は「音声（phono-）を書く文字」、映画（シネマトグラフ Cinémato-graphe）は「運動（cinémato-）を書く文字」です。フォトグラフ、フォノグラフ、シネマトグラフというように、これらはみな、語尾にグラフ（graph）という言葉が付いてます。グラフというのは「書き取り」という意味で、語源になっている graphein はギリシャ語でカく（書く・描く・画く・掻く）という意味です。つまりこれらの呼称が示しているのは、これらはみな一種の文字であるということ、メディアとは、「文字《グラフ》テクノロジー」の問題なのだという事実です。

二〇世紀以降、これらのメディア技術が、人々の生活を囲い込んでいきます。機械によって書かれた文字が信号としてやり取りされる。そのコミュニケーションを可能にするのが、「遠隔《テレ》テクノロジー（tele-technology）」と呼ばれるものです。テレグラフ Télégrapheから始まって電話（Telephone）、ラジオ（Radio）、テレビ（Television）と発展し、いまではインターネットになっているものです。「テレ tele-」とは遠隔という意味ですね。

当初のテレグラフは、シャップ式という手旗信号のようなものでした。ナポレオン戦争の時、腕木と呼ばれる数メートルの長さの棒を三本組み合わせた構造物をロープ操作で動

図2-6　文字テクノロジー

◉ 文字 Graph / Graphy
→graphein（ギリシャ語γράφειν）（書く）

◉ 活版印刷術 Typography
→typo（型の）-graphy（文字）

◉ 写真 Photograph(y)
→photo（光の）-graph（文字）

◉ レコード（蓄音機） Phonograph / Gramophon
→phono（音声の）-graph（文字）

◉ 映画 Cinématographe
→cinémato（運動の）-graphe（文字）

図2-7　遠隔テクノロジー

◉ 腕木式通信テレグラフ Télégraphe
→ télé（遠隔の）- graphe（文字）

◉ 電話 Telephone
→ tele（遠隔の）- phone（音声）

◉ テレビ Television
→ tele（遠隔の）- vision（視る）

かし、これを別の基地局から望遠鏡で確認することによって情報を伝達しました（図2-7）。原始的な方式ですが伝達速度は意外に速く、一分間に八〇キロメートル以上という速度で信号が伝達された。つまり馬を走らせるよりも速かったわけです。やがて電線・電信で伝えられるようになり、機械が遠隔で文字を書くようになる。その延長線上に電話やラジオが発明されました。

†「テクノロジーの文字」の革命

アナログ革命以後のメディアは、機械によって人間の知覚＝意識や表象の活動を書き取り送受信する技術で、私自身は、それを「テクノロジーの文字（technological grammatization）」による技術と名づけています。

二〇世紀には、これらのメディア技術が、メディア・コミュニケーションの圏域の中に人間を囲い込んでいきました（アナログ・メディアの対立概念は「デジタル・メディア」、0と1の数式で書かれているコンピュータですが、これについては第4章で述べます）。アナログ・メディアの場合、写真は被写体を光学的・化学的に写しとる。映画は被写体の運動を写しとる。レコードは音源の音響・音声を写しとる。そのように対象を写し再現する一方で、被写体を「視る意識」、「運動を視る意識」、音響・音声を「聞く意識」が同時に生み

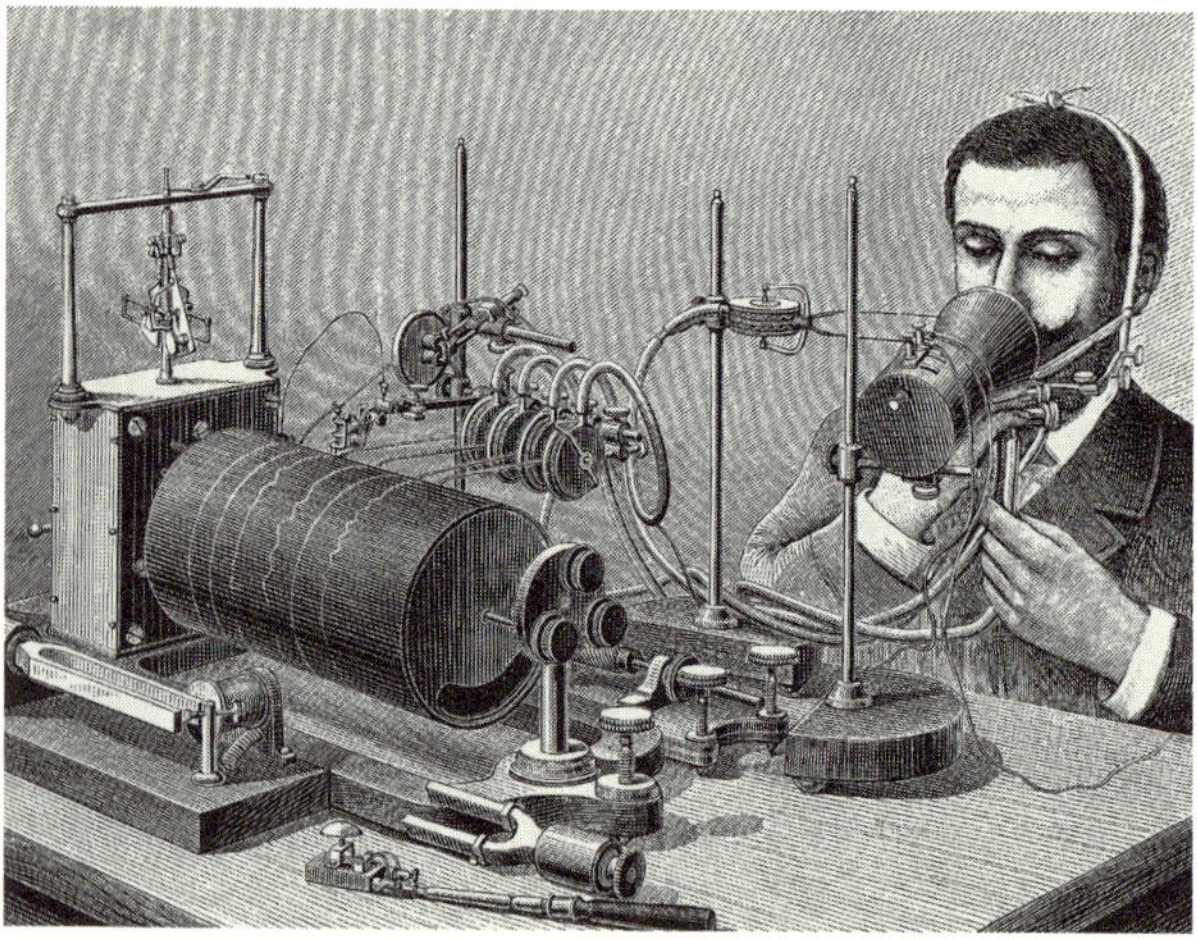

図2－8　キモグラフで音声を研究する実験語学の祖ジャン・ピエール・ルスロ

出される。その活動の痕跡を電線や電波をとおして交信し合う（コミュニケートする）ことで、人間の精神の条件が書き換えられていったわけです。

テクノロジーの文字が人間の精神を書く時代になると、人間の精神の活動――認知活動――についての認識、すなわち、人間についての「知」も変わります。

例えば、人間のことばの発声を研究するのに使われたのは、キモグラフ（kymograph　波動曲線記録装置）といって、フォノグラフと基本同じ原理による音声解析装置なのですが（図2－8）、ソシュールによる現代言語学の創設は、こうした書き取り技術の変化と非常に密接に結びついています。一九世紀までは、文字でことばを書き留めることで言語を研究していた。さまざまな文献、つまり書物を渉猟して、書きとめられたことばの記録を研究して「ことばの進化」を研究する「歴史言語学」が主流だった。一九世紀の言語研究は、比較文法とか文献学とか呼ばれますが、文字と書物を基本技術とすることばの研究だった。

ところがソシュールは、次のように考えるわけです。ことばは人間が書く文字ではなく、フォノグラフによって書き取って研究すべき活動だ。たとえアルファベットのような表音文字でも、文字で書いたのでは、どうしても不正確になってしまう。フォノグラフのようなテクノロジーの文字によって記録してことばを分析することで、言語の仕組みを研究する科学が可能になる、と。キモグラフのようなアナログ・メディア技術で、話し言葉の音声を書き取ることで、実験音声学や音韻論という新しい言語研究の分野が生まれ、二〇世紀的な意味での「言語学」が生み出されていったわけです。

†ソシュールの言語記号学

ソシュールは、人間のコミュニケーションを電話での会話になぞらえました。これがかれの言語認識の基礎となる「ことば（パロール）の回路」という図式です。人間の会話・

図2-9　ソシュールの「ことば（パロール）の回路」
（『一般言語学講義』より）

話される言葉を研究するのであれば、AさんとBさんが電話で話している状況を想定すればいい。このような電話モデルから、ソシュールは、人間は「言語記号」をキャッチボールしていると考えた。このとき現代言語学が生み出されたのです。電話を発明したのはベルですが、ベルの発明なくしてソシュールの言語学は成立しなかったわけです。

このように、一九世紀から二〇世紀への転換期に起きた、アナログ・メディア革命によって、フォノグラフや電話のようなテクノロジーが、人間の言語活動を書き取るようになった。そのとき、フォノグラフィが書き取る言語の要素が、ソシュールによって「言語記号」と呼ばれたのです。

一九〇〇年頃、ソシュールは次のように述べて、これから興る一般学として「記号学」を提唱しました。二〇世紀には「記号の学」というものが必要となるだろう。

この学問はまだ成立していないが、今後発達していけば、自分が研究している「言語学」もそのとき初めて十全に基礎づけられるに違いない、と。このとき彼が提唱したのが、「記号の一般学」としての「記号学」なのです。

ソシュールはまだ存在していない「記号学」という学問の成立を先取りすることにより、言語学者としての自分自身がいま新しく創設しようとしている二〇世紀の「言語学」を基礎づけようとするという不思議なことをしています。

私の理論ではこのソシュールの認識論を次のように説明します。

ソシュールがいう「記号の学」というのは、いま始まったばかりの二〇世紀の人間文明が、蓄音機や電話や写真や映画などのアナログ・メディアの「テクノロジーの文字」によって書き取り始めた、意識活動や意味活動の要素としての「記号」に関する「一般学」のことだ。「文字」が人間のことばを書き取っていた時代には、人間のことばは「単語」や「文法」として書き取られた。フォノグラフィのような「テクノロジーの文字」が人間のことばを書き取るようになると、「音素」や「形態素」(まだソシュールの時代にはそう呼ばれていませんが)などの言語の要素単位を書き取るようになる。それを「言語記号」と呼ぶことにしよう、というのがソシュールの「言語記号学」としての「言語学」の提唱だったのです。

†「テクノロジーの文字」と「知の革命」

たまたま、ソシュールは言語学者でしたから、ことばを書き取るために「テクノロジーの文字」を使用した。そのとき書き取られたのが「言語記号」だった。しかし、写真や映画のような別のテクノロジーの文字が、視覚的活動を書き取るとすれば、そのとき書き取られるのは、「写真」が捉える時間の意識経験、「映画」が書き取る「運動視」という意識の動きや、「レコード」のような「聴く意識」の活動です。「視覚記号」や「運動知覚」や「時間意識」の記号論が、アナログ・メディアとしての「テクノロジーの文字」による人間の精神活動の書き取りにもとづく「知」として生み出される可能性が拓かれた。

私はソシュールならば、かれの「記号の学」を、メディアの「テクノロジーの文字」による意識や認知の一般学と定義づけられたのではないかと思うのです。ところがソシュールは言語についてのみ、「言語の記号学」を理論化したので、たいていの人は、「記号学」とは「言語学」のようなものと見なしてしまった。そこから、多くの誤解が生まれました。現在の研究では、ソシュール派記号学の「言語中心主義」とそれは呼ばれて、今では批判されています。

しかし、ソシュールの言語学と同じように、テクノロジーの文字による知の革命は、当時いっせいに起こっていました。

フォノグラフや電話がことばを書き取るようになったときに生まれたのが、ソシュールの言語学であったとすれば、同じように電話や写真や映画などが人間の心理を書きとめるようになったときに興ったものには、フロイトの精神分析、フッサールの現象学、パースの記号論、あるいはベルクソンの哲学など二〇世紀を決定していった巨人たちの仕事が挙げられます。彼らは本を読み、思弁し、文字を書くことによって新しい思想をつくったのではなく、研究の手段としてのメディアを変えることによって、つまり人間のシンボリックな活動を書き取る装置を変えることによって、人間の意識活動を新たな角度から捉え直そうとしました。例えばベルクソンは、映画について考えることから哲学を始めます。こうした流れが二〇世紀の人間の知をつくっていくわけです。

†「技術的無意識」の時代

これまで述べてきたように、メディアというテクノロジーの文字が人間の精神を書くようになると、人間の意識生活の成立条件が大幅に書き換えられることになりました。

なにしろ私たちは、日頃テレビをみたり、電話をしたり、ネットを見たり、映画を鑑賞したりして、日常の意識生活を営んでいるわけですから。

ところで、そんなメディアを通した日常の意識生活において、よく考えてみると私たちは不思議なことをしていると思いませんか。例えば、写真を考えてみましょう。私たちは、楽しい旅行の思い出にしても、美味しい料理にしても、記念すべきパーティにしても、パチリと写真をとって、その写真を見ながら、ああこの時は楽しかったね、懐かしいね、きれいな景色だったね、と思い出しているわけです。写真によって思い出という意識をつくり出している。

しかし、よく考えてみるとこれはちょっと変なことなんです。シャッターを押せば写真は一瞬で撮ることができる。一瞬というのは、文字通りまさに一回瞬きをするくらいの時間ということですが、実際の瞬き一回にかかる時間とは、七分の一秒から一〇分の一秒くらいです。それに対して、カメラのシャッター速度は、三五ミリレンズで、五〇分の一秒が手ぶれしない限界と言われています。つまり、カメラが画像を撮るために切り取っている時間というのは、人間の「一瞬」よりもさらに短いセグメントということになります。そんなに短い時間を、私たちは認識することができない。だから、写真をとってみると目をつぶってしまっていたりすることが起こるわけです。私たちは、撮影のときに、一生懸命ファインダーを覗いたり液晶画面を覗いたりしているけれど、カメラが「写真を撮る瞬間」を私たちは捉えることができないわけですね。

写真は、あなたが見ることができない瞬間を撮っている。私たちは、写真を撮られた瞬間を捉えることができない。写真機は私たちが瞬きするよりも先にシャッターを切るので、いくら目を凝らしてみてもその瞬間をつかまえることはできない。そのぐらいわずかな時間の幅で撮られるわけです。私たちは折に触れて写真を撮り、友達同士で見せ合って思い出話をしたりするけれども、実際にはその瞬間を見ていない。

私はいつも講義などで、学生たちに、メディアのことを理解するには、そのメディアの気持ちにならなければいけないと言っています。おそらく写真機は、こう思っているんじゃないでしょうか。きみは写真を見て「あの時は楽しかったな」なんて言っているけれども、実際にはその瞬間を見ていなかったじゃないか、と。

映画にしても、実際には一秒につき二四コマの静止画像が映し出されているのですが、私たちには一コマ一コマは見えません。そうであるがゆえに、私たちに動いて見える。テレビにしても方式によりますがやはり一秒に三〇フレームの画像が半分ずつ作られては消えるのを繰り返している。それが見えないからテレビ画面では動きが見える。つまり、人間と機械の能力の間にギャップがあって、実際には静止画像がコマ送りされているんだけど、それを一コマ一コマ知覚することができないから、動きを見る意識（運動視）と時間意識が生み出される。つまり静止画像が視えないから、動画が見える。

あるいは音声にしても、フォノグラフは、何かを聴く意識の成立に先立って音波のみを記録します。音波のみを書くフォノグラフによって、私の聴く意識が構成されることになるわけです。音を聞くという聴取の意識は、すぐれて現在時の経験ですから、フォノグラフの再生を聴く意識は、対象（音源）を現在時に措定し、音の変移にしたがって時間の流れとともに構成されるようになる（これはフッサールの現象学が深く考えようとした問題です）。

人間の認知よりも下あるいは手前のレヴェルでテクノロジーが痕跡を書くようになった。私たちは写真を見て思い出話に打ち興じているけれども、実際にはその瞬間を見ていない。私たちが映画を見て動いて見えるのは、静止画像を一コマずつ見ることができないからである。レコードで死んだ人の声が甦るのは、人間には見えないスペクトル（音声波形）をフォノグラフの技術が書いているからだ。

†技術的無意識

見えないから見える。不在の存在が聞こえる。

私たち現代人のメディア生活の多くの部分は、そういったパラドクシカルな現象に支えられています。かといってこれは別に錯覚や幻覚ではなく、物理学的・生理学的な法則に基づき、人間の認知の能力と機械の働きの間にあるギャップを利用して成立している、メディアの働きであるわけです。例えば、映画ですと、人間における運動視という意識の活動を書き取る文字（テクノロジーの文字）が発明された、ということなのです。フォノグラフは、聴く意識を書き取るテクノロジーの文字の発明だった。

このような機械のテクノロジーの文字と人間の認知とのギャップによって、現代人のコミュニケーションは成り立っています。このギャップのことを私は、「技術的無意識 the technological unconscious」と名付けています。

メディアは、思い出だとか、遠くの光景の知覚だとか、運動視だとか、音声による遠くの人との心の通い合いとかといった、「意識」を作り出します。つまり、メディアは意識を生み出す（＝生産する）わけですが、その「意識生産」は、人間の知覚よりも下で人間の認知に働きかける「技術的無意識」に支えられている。メディアの「技術的無意識」を基盤として、現代人の「意識」は成立しているというわけなのです。

こう考えてみると、ちょっと居心地が悪いですよね。「思い出」の写真なのに、その瞬間を本当は見ていなかったのですから。静止画だったのに運動に視えていたのですから。そういうことに気が付くと、意識生活の自明性が揺らいできます。ちょっと不気味な気持ちになるでしょう。コミュニケーション文明というのは実のところ、人間が思っているよりも、居心地の悪いものなのかもしれません。私たちはメディアの技術的無意識に支えられ、コミュニケーション文明の中で「意識の生活」を営んでいる。このことを深く考えていかなければならないと思うのです。

†「私たちはテクノロジーの文字を読むことができない」

技術的無意識の問題は、次のようにも言い換えることができます——「私たちは〈テクノロジーの文字〉を読むことができない」。

たしかに、私たちには、写真のシャッターが切られた瞬間も、映画の一秒二四コマの一コマ一コマもテレビの毎秒三〇フレームも、レコードのビニール上の溝に刻まれた音波の波形も、読むことができない。そして、だからこそ、思い出が現在時のように蘇ったり、動きがありありと見えたり、日本ビクターの犬（もとはグラモフォンのトレードマークの犬ニッパー君）のように親しい人の声がそこにいるように聞こえたりするという意識の生活を送るようになっています。

人間は機械の文字を読み書きすることができないが、その認知のギャップこそが人間の知覚を総合し、人間の意識をつくりだす。私たちはこの「技術的無意識の時代」において見えないものを見て、意識の成立以前に聞こえるものを聞いて生活している。日々の生活の中で最新のテクノロジーによるメディアを駆使していながら、「亡霊」のようなものに取り囲まれて生活している。そうしたパラドクシカルな文明を生きている。

我々は生活の中で不可思議なことをいろいろとやっています。テレビに映っている人は、単なる像に過ぎません。ｉＰｏｄで聴いている音楽は、とうの昔に亡くなったミュージシャンの生きている《ライヴ》音源だったりします。つまり我々は音・イメージやことばなど「記号」だけを取り出し、あたかもその人が生きていて近くにいるかのように見なして生活しています。

「スペクトル（spectre）」には波長分布という意味のほかに、「亡霊」という意味もあります。それは、「スペクタクル（spectacle 見世物）」という言葉とも結びつく。我々は音・イメージが作り出す見世物（亡霊）を存在と見なし、日々暮らしています。これこそヴァルター・ベンヤミンが言うところの、「複製技術の時代」に他なりません。いまここに存在しない人が話し、存在しない事物の像や光景が見え、いまここに存在しない人とコミュニケーションして生活している。亡霊がいたるところ徘徊して私たちを日常的に取り巻いている、かなり不思議な「スペクタクルの社会」に私たちは生きているというわけなのです。

†わたくしといふ現象――宮沢賢治のテレビ

テレビジョンの発明にかんしては要素技術の発明が複数で、ラジオやレコードのように発明された年を明確にすることができません。一九二五年にスコットランドの発明家・ジョン・ロジー・ベアードが画像の送受信を成功させ、一九二六年に高柳健次郎がブラウン管による電送・受像を成功させました。この時、高柳は、「イ」という文字を映し出した。テレビは、この頃発明されたと言っていいでしょう。NHK放送博物館には、高柳のテレビ伝送実験装置を再現したものが展示されています。

宮沢賢治の『春と修羅』序は一九二四年に書かれましたが、私は、密かに、まさにこれは「テレビの原理」で書かれた詩だと見ています。ちょっと読んでみましょう。

わたくしといふ現象は
仮定された有機交流電燈の
ひとつの青い照明です
（あらゆる透明な幽霊の複合体）
風景やみんなといつしよに

せはしくせはしく明滅しながら
いかにもたしかにともりつづける
因果交流電燈の
ひとつの青い照明です
（ひかりはたもち　その電燈は失はれ）

宮沢賢治はご存知のように、非常に科学に強い人でした。たとえば『銀河鉄道の夜』は、相対性理論で書かれています。主人公のジョバンニは、光速を超えて宇宙を走る列車にのって川でおぼれ亡くなった友人のカムパネルラに会いに行きます。
テレビでは、走査線上を明滅する光のフレームによって、「わたくしといふ現象」（意識）が生まれる。「せはしくせはしく明滅しながら／いかにもたしかにともりつづける」テレビの映像のような「わたくしといふ現象」が、人々の精神生活をつくっていく。賢治のこの詩は、そういうメディアの時代を予言しているかのようです。

†意識の産業化

亡霊的生活を送る現代の人間の基底にあるのは技術的無意識で、これこそがコミュニケーション文明を形作っている。今は何でもすぐに伝わるし、音でもイメージでも無際限に消費することができる。そういう意味では非常に便利で豊かな時代なんですが、我々はどこか薄気味悪いものを感じている。これはメディアは意識を大量生産するようになったのですが、もはや人間自身はそれを読み取ることができなくなっているからです。

人間の手と意識を経由させている限り、言葉と絵ぐらいしか書けない。しかし機械が文字を書くようになると、人間のさまざまな知覚経験をありのままに捕捉できるようになり、今度は私たちの意識がそういった信号を素材にしてつくられていくようになる。同じ文字でも、人間の文字では、人間の意識のごく一部しか表すことができない。メディアの文字は、聞こえるもの・見えるものをすべて書き取ることができる。

人間の意識をメディアという機械技術で生み出せるようになったということは、「意識の産業化」が可能になったことを意味します。

次章で詳しく見ていきますが、実際、二〇世紀とともに始まった「大衆《マス》の時代」にはいわゆる「文化産業」が急速に発達しました。文化産業とは、映画やレコードやラジオやテレビなどを意識産業としてとらえる概念です。

ハリウッドの映画産業の隆盛はその典型的な例で、大がかりな設備をつかって、人間の意識を大量生産することが始まります。さらに映画のみならず、ラジオ・テレビなどもま

図2-10　メディアと文字の変化

書物（印刷）の時代
→人間の意識を経由したものだけが文字になる

アナログ・メディアの時代
→機械が文字を書く（写真、レコード）。しかしその意味の判断や批判はまだ人間がおこなう

デジタル・メディアの時代
→機械が文字（数字）を書き、その解釈や判断も、機械が一部または全て代行する

た人びとの意識を大量生産し始める。これらの文化産業によって人間の意識や欲望がどんどん生み出されていく。きれいな奥さんがいて、子供は二人の核家族で、芝生の庭にプールがある白い家に住まい、お父さんが夕方になれば自家用車で帰宅して楽しい幸福な家庭が営まれるというようなアメリカ流の生活（American way of life）と呼ばれるようなモダンな生活のイメージが映画やテレビによって作られ、視聴者である大衆の夢、すなわち「欲望」や「意識」が生み出される、つまり、生産されていくわけです。それについては次章でお話ししましょう。

†「時代区分」と「三つのテーゼ」

最後に記号論についてちょっと整理します。

これは私が教えている大学の講義では、「時代区分」と「石田の三テーゼ」として覚えてもらっています。これを頭に入れておいてもらえると私の話が分かりやすいからです。

第一テーゼ：「記号」は「テクノロジーの文字」によって書かれている。
第二テーゼ：「記号」とは「意味」や「意識」を生み出す要素のこと。
第三テーゼ：私たち人間は、「テクノロジーの文字」を「読む」ことができない。

伴立テーゼ：「メディア」とは、「テクノロジーの文字」の問題だ。

よく「記号って何ですか？」と聞かれます。私は、アナログ・メディアの発明以降、機械によって書きとられる、意識および意味現象の要素を、「記号」と定義しています。「記号はテクノロジーの文字によって書かれている」、これが第一テーゼです。ソシュールは「言語」は「記号」だと言いましたが、それはフォノグラフというテクノロジーの文字が書きとめた意味現象の要素を「言語記号」と呼んだことに基づいています。「音」「声」「かたち」「運動」などをテクノロジーの文字が書き取るようになったとき、発見されたのが、ソシュールの記号学以降がいう意味での「記号」なのです。

第二テーゼは「記号とは意味や意識を生み出す要素」であるというものです。人間の意識・意味の活動は、「音」「声」「かたち」「運動」などが心的に総合されて成り立っていますが、テクノロジーの文字が書き取る「記号」によってその単位が構成されていると考えるのです。

第三テーゼは「私たちはテクノロジーの文字を読むことができない」というものです。メディアは、人間の知覚の閾値よりも下のレベルで、人間の知覚や意識を分析し総合しているものだからです。

そこで伴立テーゼですが、「メディア」という「技術的無意識」の問題がクローズアップされてきます。人びとが「メディア」の問題がわかりにくいと感じるのは、そこに文明の「無意識」が横たわっているからです。「分かりたい」というのは「意識」の活動ですから、意識がとらえ返せない「無意識」の問題を前にすると、私たちは「不安」になります。

第３章
現代資本主義と文化産業

Graffiti by Miss Van and Ciou, Plaça de Sant Josep/Mercat de la Boqueria, Ciutat Vella Nov. 5 2005

前章では、メディア技術が書く〈テクノロジーの文字〉が意識を生み出すことによって人間の生活が営まれるようになるのが、二〇世紀以降の現代世界であることを述べました。テクノロジーの文字は、人間の意識を生み出すが、人間の意識ではそれを捉え返すことができないこと。私たちは写真が撮られた瞬間を見ることができないが、その見えなかった瞬間にとらえられた像（写真記号）を事後的に「見」て「思い出」をつくる。映画やテレビの毎秒二四コマの一コマ一コマや毎秒三〇フレームを認知できないので、動画は「動きを見る」意識を生み出す。音の流れは音波に分解されて届けられ、人が「聞く」前に「聞こえて」しまう。「メディア」は、私たちの「意識」を生み出す〈技術的無意識〉の次元で作用していることも説明しました。

いないはずの人、死んだ人の声を聞き、見えなかった瞬間を思いだし、見えない動きから意識が生み出される生活が一般化した〈スペクトル　亡霊〉／〈スペクタクル　見せ物〉の社会に私たちは生きているというわけです。

遠隔《テレ》テクノロジーが音声も映像も、信号をやりとりすることによって、現代の人間をコミュニケーションの圏域に編入していったことをお話ししました。かつては、デカルトのコギトのように、文字を書く人の意識と判断力が主でしたが、主従が転倒して、人間の意識が機械によって書き取られ、送信され、総合されていく。

そのメディア・テクノロジーを基盤に、人びとの意識を生産する産業が、「文化産業」です。映画産業やラジオやテレビ放送、広告産業が人びとの意識を生み出すようになる。自動車をつくることだけが産業ではない。物をつくるよりも、自動車をつくるよりも、「意識」をつくりだすほうがずっと効率がいい。車が欲しいという意識をつくりだしてあげれば、みんなが車を買うようになりますから、自動車産業も発達する。社会が、「意識産業」によって成り立つようになる。

本章ではこの「文化産業」を取り上げます。私たちは日頃、文化産業に取り囲まれている。このような状況になってほぼ一世紀経つわけですが、では文化産業の時代とはどのようなものか。

†パースの記号論

ここでアメリカの哲学者チャールズ・サンダース・パースの記号分類をフランスのコミュニケーション学者のダニエル・ブーニューが示した「Semiotic Pyramid（記号のピラミッド）」という図式を見ておきたいと思います（図3－1）。

パースは記号を symbol（象徴）、icon（図像・類像）、index（痕跡・指標記号）の三つに分類しました。言葉・文字・数字・暗号のように約束が取り決められ法則化されている記

図3－1　記号のピラミッド Semiotic Pyramid

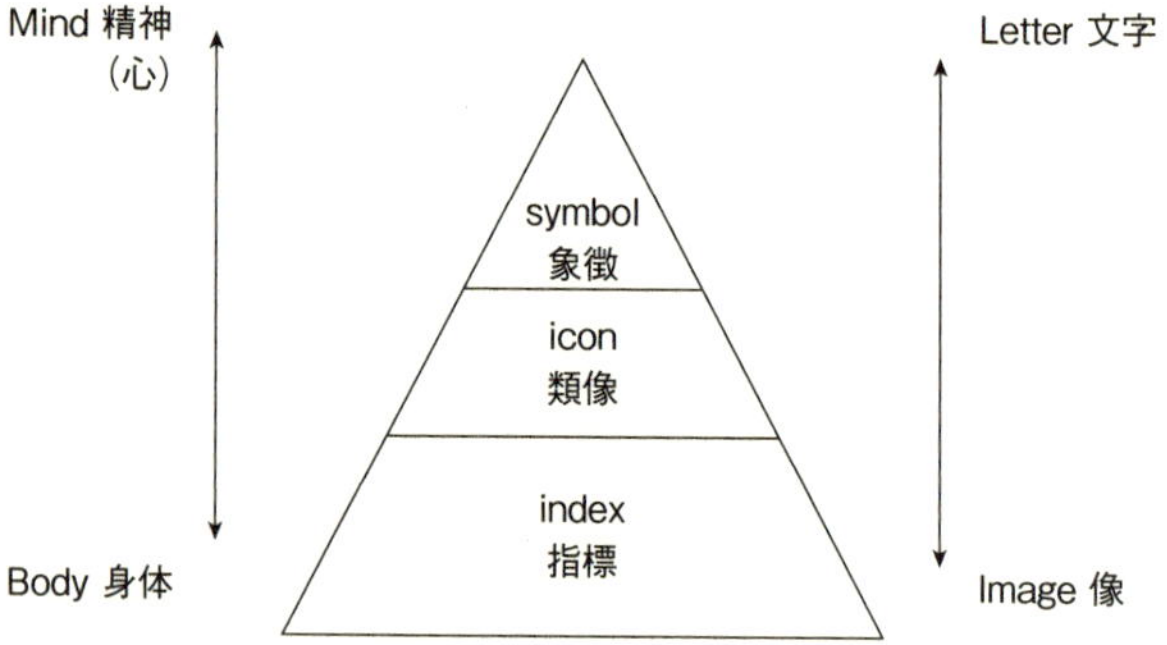

号をsymbol（象徴）といいます。次に、何かに似ている、何かを連想させるという働きをする記号をicon（図像・類像）という。たとえば、丸い顔は円い線で、鼻はとがった三角形のようなかたちに、というように似顔絵を描く場合、あるいは赤い花は赤い絵の具で、青い海は青いクレヨンで、というように対象の性質と共通した要素を集めた絵は、指示対象の図像（icon）であると考えられる。似た関係は、視覚現象だけに限られず、例えば、ラジオ番組で笊《ざる》に豆をザザーッと流せば海の波の音が表現できますし、擬音語・擬態語は、音の現象と似ていますね。iconにはこのような音のアナロジーも含まれるので、図像ではなく類像と訳したりもする。最後に、どのような現象にも、それがなんらかの接触、なんらかの経験的な連続によって、あるものが他のものを指す、指示するので、物事の「しるし（記号）」

になっている場合に、そのしるしはindexと分類されます。風邪で熱があると顔が赤いというような病気の症状では、顔の赤みは、病気のindex（指標）です。雪の上に残されたウサギの足跡も、ウサギが雪のうえに物理的に残していったindex（指標）です。あなたが指さす、人差し指も、指さされた指示対象のindex（指標）です。

　これがパースの記号の三分類ですが、これをメディアを考えるときの手掛かりにすることができます。最初のうち、メディア・コミュニケーションでは、例えば、郵便での手紙のやり取りのように、メディア生活は「象徴（symbol）」の部分でおもに成り立っていた。文字で言葉を記した手紙は「象徴」記号を使っていたわけです。しかしアナログ・メディアのテクノロジーにより、あらゆる現象を撮影録音して映像も音声も物理的痕跡を送受信することができるようになった。これは、物理的化学的痕跡という意味で、index（指標）記号のコミュニケーションです。

　メディアで伝達される記号は、手紙ではsymbol（象徴）記号に留まっていた段階から、音像を含む、あらゆるイメージの痕跡（index 指標）の伝達にまで拡がります。これは、抽象的な「精神（Mind）」の活動のコミュニケーションであったものが、感覚情報を含む「身体（Body）」も含めたコミュニケーションにまでレベルを降りていくことを意味している。ソシュールは言語学者ですから、あくまで「言葉」というsymbolのレヴェルに重点を置いていましたが、パースの記号論は、類像（icon）から指標（index）へともっと広い範囲にわたってあらゆる記号を扱おうとします。絵・像になるようなアイコンも、声・イメージのわずかな痕跡、つまりインデックスも記号論の対象に入れて人間の文化全体を捉えることができると考えた。メディア技術の観点からも、すべての記号を扱えることこそが機械によって書かれた「テクノロジーの文字」の効用でもあります。メディアが発明されなければ、どんな声なのか、どんな表情なのか、どんな色なのか、言葉だけでは具体的に伝わりません。しかし、メディアが指標（＝痕跡）のコミュニケーションを可能にしたので、あらゆる記号を身体的なレベルを含めて伝えることが可能になったのです。

では、そのテクノロジーの文字は人間の生活をどう変えたのか。この問題を考える時に大きな手がかりとなるのが、文化産業論です。アナログ・メディア革命により、機械が光・運動・音声・音響を書き取るようになった。生身の人間には読めないテクノロジーの文字の「技術的無意識」をベースにして、人間の意識の生活（思い出・憧れ・世界の表象）をつくりだしていく。この原理を二〇世紀の産業社会にもたらしたのが文化産業です。

†資本主義の四要素

二〇世紀資本主義を考える時、基本要素は四つあると私は考えています。

一つ目は「テイラー・システム」、二つ目はこれを産業的に実装した「フォーディズム」、三つ目は文化産業の基軸としての「ハリウッド」、四つ目は消費を生産するノウハウとしての「マーケティング」。この四つは、二〇世紀の資本主義を一九世紀とはまったく違ったものにしました。これによって、アメリカの資本主義の覇権が確立したのです。文化産業について考える時、これらをまず理解しておくことが重要です。

†「テイラー・システム」

アメリカの技術者・経営学者のフレデリック・テイラー（一八五六―一九一五）が「科学的管理法（scientific management）」を生み出しました。二〇世紀の初頭のアメリカは産業化の勃興期で、生産の組織化と規律化・合理化の課題に応えようとする研究でした。伝統的なばらばらの慣習的な物づくりの寄せ集め状態であった生産の現状を、合理的な分業体制として組織化するノウハウの体系化が求められたわけです。

彼は著書『科学的管理法の原理』（一九一一年）で、「科学的管理法」とは労働を時間・動作（身ぶり）という二要素に還元し、合理的に組織化していくことだと述べています（『新訳　科学的管理法』有賀裕子訳、ダイヤモンド社、二〇〇九年）。じっさい、テイラーとその仲間たちは、「時間研究」では、作業を「要素動作」に分解し、生産の工程の標準的

図3-2　フレデリック・テイラー
(Frederick Winslow Taylor)

な時間を想定して、一日の課業を設定しストップウォッチを使って効率的な作業方法を割り出していきます。「動作研究」では、労働者の生産の作業を映画フィルムに撮って身ぶりを分析し、最も合理的な作業の組織化を追求していきます。大量生産時代における労働の合理化の知が「テイラー・システム」として生み出されていったわけです。

ロシア革命に成功するより前、ウラジーミル・レーニンは一九一四年、このテイラー・システムについて鋭い本質的な批判を加えています。「テイラー・システム――機械による人間の奴隷化」という論文です。

これには次のように映画技術の活用が指摘されています。「最良の操作と強度を増大させる、すなわち労働者を『スピードアップ』させる作業の研究のために映画が体系的に活用されている。例えば、機械工の操作が一日中撮影されて、どうしたら背をかがめて時間を無駄にしたりすることなく作業を遂行できるようにベンチを配置できるか専門家が考案する」。テイラー・システムとは人間の動作を撮影し、それを抽象化していく実験である。映画という技術は、時間のリニアな流れの中で人間の動作を捉えて分解することを可能にした。テイラーはこれを分析のツールとして、労働の組織方法を設計していると。レーニンはここで、映画というメディアとテイラー・システムの関連性を見事に指摘しています。

これを見ると、二〇世紀初めのマルクス主義者たちが、発達しつつあった資本主義について、鋭く本質をえぐっていたことが分かります。レーニンによる勃興する資本主義の労働と生産の体制についての分析は極めて鋭い。それだけ優れた分析力を持ち合わせていたマルクス主義がしかし、二〇世紀を通して敗北していく理由には、二〇世紀資本主義のもうひとつの側面、欲望・ハリウッド・消費のサイドを見る必要があります。のちにフランクフルト学派のアドルノとホルクハイマーが文化産業の問題について論じますが、この消費の面の理論をマルクス主義者が持てなかったことと、社会主義の敗北は関連していると私は思います。それはもう少し後で述べます。

†テイラー・システムからフォーディズムへ

このテイラーたちが理論化した科学的管理法を実装したのがフォーディズムです。ベルトコンベアーの流れ作業によって労働を組織し、T型フォードをつくる。ベルトコンベアーというのは、映画で言うところのコマ送りと同等です。つまり労働を時間の連続・動作(身振り)の連続という二要素に解体し、最も効率的・功利的なシステムとして編成することにより安価なプロダクトをつくる。

フォードはこのようにして大量生産のシステムを実現したわけですが、これについてもレーニンは次のような批判をしています。労働が均質化・平準化し、誰もがその仕事に就くことができるようになれば、職人は自らのうちに蓄積してきたものづくりのノウハウを喪失する。大量生産のシステムが構築されたことにより職人は駆逐され、特別なスキルを持たない労働者が生み出されていく。つまりプロレタリア化が起こっているという批判です。

私の友人のベルナール・スティグレールは、経済手段の喪失としてではなく、「作るノウハウ」(ものづくりの知)の喪失としてプロレタリア化を捉え直すべきだと言っています。

図3-3　フォード工場

二〇世紀資本主義の原理により「作るノウハウ」が失われた。これがすなわちプロレタリア化だと。熟練した職人の代わりに機械がその作業をやるわけですから、労働が機械化する。そこではレーニンが言うように、機械による人間の奴隷化が起こる。ちょうど、チャプリンが『モダン・タイムス』で描き出した非人間化ですね。

また、アントニオ・グラムシもフォーディズムについて的確な批判をしています。彼は、伝統的マルクス主義者とはちょっと違いますが、ファシスト政権に逮捕され、死の直前まで一〇年あまりにわたって獄中生活を送りました。そこで書かれたノートの数は三三冊にものぼります（『グラムシ　獄中ノート』石堂清倫訳、三一書房、一九七八年）。この「獄中ノート」の中に *Americanism and Fordism* という論文があります（一九三四年）。いま、「フォーディズム」という言葉は普通に使われています。しかし、フォーディズムという言葉を最初に使用したのはグラムシです。原語はイタリア語ですが、グラムシをきっかけとしてフォーディズムという言葉が一般化する。グラムシはこの論文で、フォーディズムとは何かというテーゼを述べている。

まず、「利潤の傾向的逓減」にたいする解答がフォーディズムである。いくらT型フォードを生産しても、購買層が金持ちに限定されていれば市場はやがて飽和し、利潤を生まなくなる。そのような状況を打開するために車をできるだけ安く生産し、労働者もT型フォードを買えるようにする。フォーディズムとは言わば生産と消費の循環システムで、ヨーロッパ型の階級社会を脱却し、誰もがT型フォードを買って乗れる、大衆消費の時代を到来させることによって、人びとを幸せにする。これこそがフォーディズム産業モデルなのです。

†夢の工場ハリウッドの誕生

このような生産の合理化と大量生産化の一方で問題になるのが、アメリカ資本主義のもうひとつの側面であるハリウッド、これこそ文化産業の権化です。ここで簡単にハリウッ

図3－4　初期のハリウッド

ドの歴史に触れましょう。一八九〇年代以来、エジソンは映画撮影用カメラ関連の特許を多数所有し、映画業界をほぼ独占していた。彼は競合他社との間で特許を共有するトラスト（モーション・ピクチャー・パテンツ・カンパニー Motion Picture Patents Company）を形成し、ライセンスに従わない会社の映画製作を、マフィアや探偵を使うなどして妨害したりした。これを逃れて西海岸に行った映画会社がハリウッドをつくるわけです。

そして一九二〇年頃になると、長編映画がつくられるようになる。長編映画というのは「編集（モンタージュ）」によってつくられます。すなわち組み立て（モンタージュ）で、フォードの工場で車が組み立てられるのと同じように、映画においてもカットによりショート・シーンを組み立てていく。

アメリカの長編映画における記念碑的作品はD・

図3－5　D.W. グリフィス『国民の創生』（1915年）

W・グリフィス監督による一九一五年公開の無声映画『国民の創生（The Birth of a nation）』です。これはクー・クラックス・クラン（KKKアメリカの白人至上主義を唱える秘密結社）をヒーローにした極めて差別主義的な映画なんですが、こういった映画がアメリカのナショナルな歴史をつくると同時に、人びとのイマジナリー（想像界）を組み立てていく。

ハリウッドはしばしば夢の工場（dream factory）と呼ばれますが、文字通り夢の断片を組み立て、大衆の夢を生産する。しかもそれはシネマという技術的無意識をベースにした原理によって成り立っているので、無意識のうちに夢が組み立てられ、人びとに欲望のシナリオを与えていく。これは社会主義ではできなかったことです。

欲望のシナリオというのはたとえば、次のようなものです。綺麗に刈り込まれた芝生にプールのある家があって、ガレージには自家用車がとめられている。そこには優しい奥さんと可愛い子どもがいて、楽しげに語り合っている。つまり幸福な家庭のイメージです。

こうした中産階級の夢をハリウッドがつくりだしていきました。この夢の工場とフォードの工場がペアになり、アメリカ資本主義が成長していき、ミッキーマウスなどといったキャラクターによって、何代にもわたって子どもたちの夢が組み立てられていったのです。

†「マーケティング」の創始者――欲望が消費を生む

そしてもうひとつ、私たちの生活を大きく規定している技術としてマーケティングがあります。これについては学問の世界では意外と知られていません。電通や博報堂などといった広告代理店の名前はだれでも知っているし、それらの会社が制作したコマーシャルもよく目にしている。実際のビジネスの世界ではもちろん最も基本的な活動であることは常識ですが、人びとの間ではCM制作にはマーケティング・コンサルタントが不可欠であるなどといった断片的な知識はあるけれども、マーケティングについての体系的な知識は持っていないのではないでしょうか。だから、そこで具体的に何が行われているかは意外と知られていません。でも調べてみると非常に興味深くて、なるほどと思うことがいろいろあって興味の尽きない世界です。

マーケティングを創始した人物がいます。それはエドワード・バーネイズ（Edward Louis James Bernays 一八九一―一九九五）です。オーストリア出身のアメリカ人で、実は、彼は精神分析のジークムント・フロイトの甥なのですが、これは決して偶然ではありません。バーネイズは幼い頃アメリカに移住し、後に『精神分析入門』の出版をプロデュースして、アメリカにおけるフロイト理論の普及に力を尽くしました。彼は非常に長命で、一〇〇歳を超えるまで生きたので、晩年のインタビューも残っています。

バーネイズはフロイトの心理学をベースにしてマーケティングという二〇世紀以後の人類にとって決定的に重要な知を作り上げたのです。

バーネイズは、彼が「engineering of consent（同意の調達技術）」と呼ぶ、ＰＲの技術を作り出していきます。engineering という言葉が示しているように、これは一種のテクノロジーです。人々の意識に働きかけて操作するテクノロジーで、その効用を社会の中に配備していくのがマーケティングの活動なのです。

バーネイズが最初期に手がけたのは、第一次大戦へのアメリカの参戦を準備すべく国内世論を誘導するためにウッドロー・ウィルソン大統領が設置した「広報委員会（Committee on Public Information 略称：ＣＰＩ）」のためのプロパガンダの立案でした。「プロパガンダ」は、戦争や戦時宣伝に使われる言葉ですね。戦争が終わると、この言葉では、戦争を思わせてイメージが悪いので、「プロパガンダ」は使わず、「ＰＲ（パブリック・リレーション）」と言い換えよう、と提案した（そして、それは定着した）のが、他ならぬバーネイズでした。今でも、政府も企業も大学も「広報」つまり「ＰＲ」をおこなっていますが、それは、第一次世界大戦という総力戦では「プロパガンダ」と呼ばれていた戦時技術が延長されて発達してきたわけです。

バーネイズは、フランスのギュスターヴ・ル・ボンやイギリスのウィルフレッド・トロッターの群集心理学、そしてなにより叔父フロイトの集団心理学を応用して、大衆の無意識を操作する技術を開発していきます。フロイト理論が「エス」と名づけた、自我の下に隠された無意識の心の領域に向けて、ＰＲは働きかけるべきであると説きます。マーケティングは「人間のパーソナリティのなかにある隠された市場」にターゲティングするべきである、というのです。

じっさい、バーネイズが手がけた、幾つもの成功したマーケティングがあります。

一九二〇年代、アメリカでも女性がタバコを吸うのはタブーとされていた。しかし、男性しか吸わないのでは市場はやがて飽和する。そこでタバコ業界は、新しいターゲットとして女性に目を付けた。その頃、ブリティッシュ・アメリカン・タバコ社の銘柄「ラッキーストライク」のプロジェクトにかかわっていたバーネイズは、タバコを時代を先取りするかっこいい女の象徴に変えるためのイメージ戦略を展開しました。

まずバーネイズはフロイディアンなので、セクシュアリティの理論に基づいてタバコを吸うという行為を説明する。男性はペニスを持っているので、タバコを吸うのは当たり前だ。女性の喫煙はタブー視される。それでもなおタバコを吸う女は、強くて現代的である。そういう説得的なキャンペーンを展開する。

さらに、フェミニスト的な女性たちをニューヨークに集め、タバコを吸いながら行進させる。女性にタバコを吸わせるためのキャンペーンには、自由の女神を彷彿させる「自由の灯火（Torches of Freedom）」というスローガンが掲げられていました。その模様をメディアに紹介してもらって、この「タバコを吸う女は強く現代的である」ということをアピールするキャンペーンは大成功しました。これにより映画の中でも女性がタバコを吸うシーンが増え、街角でもそういう女性が多く見られるようになった。このように　フロイト的な集団心理学を援用し、アメリカでマーケティングという知識・技術が発達していく。マーケティングは消費をつくりだします。

図3-6　エドワード・バーネイズ（1920年代）

図3-7　ラッキーストライクの宣伝。「スレンダーでいたければスイーツのかわりにラッキーストライクを」。

バーネイズは「ニーズではなく、欲望から消費が生まれるようにすべきである」と言っています。

ニーズは必ず飽和する。一台車を買ったら、それが無事に走っている限り次の車は買わない。人びとに「今年新しく出た車のほうがいい」「新しい車に乗りたい」と思わせ、買い替えさせるにはどうすればいいか。そのために必要なノウハウを、マーケット技術によって蓄積していく。そしてハリウッドのスター・システムと連動させてものを売る。このようにしてハリウッドという「夢の工場」と社会の無意識の欲望をエンジニアリングする「マーケティング」の技術は、消費を生産するという役割を担っていきます。これこそが二〇世紀のアメリカの資本主義の時代を作ったのです。

軍事・ラジオ・コンピュータ

これと同じ頃、ラジオ放送が発達します。

二〇一五年は、東京放送局（現在のＮＨＫ）が一九二五（大正一四）年三月二二日にラジオ放送を開始してから九〇年の節目です。このラジオというメディアの発達もまた、戦争と平和に密接に関連しています。

二〇世紀末にインターネットが急速に普及したのは、冷戦が終わったからです。インタ

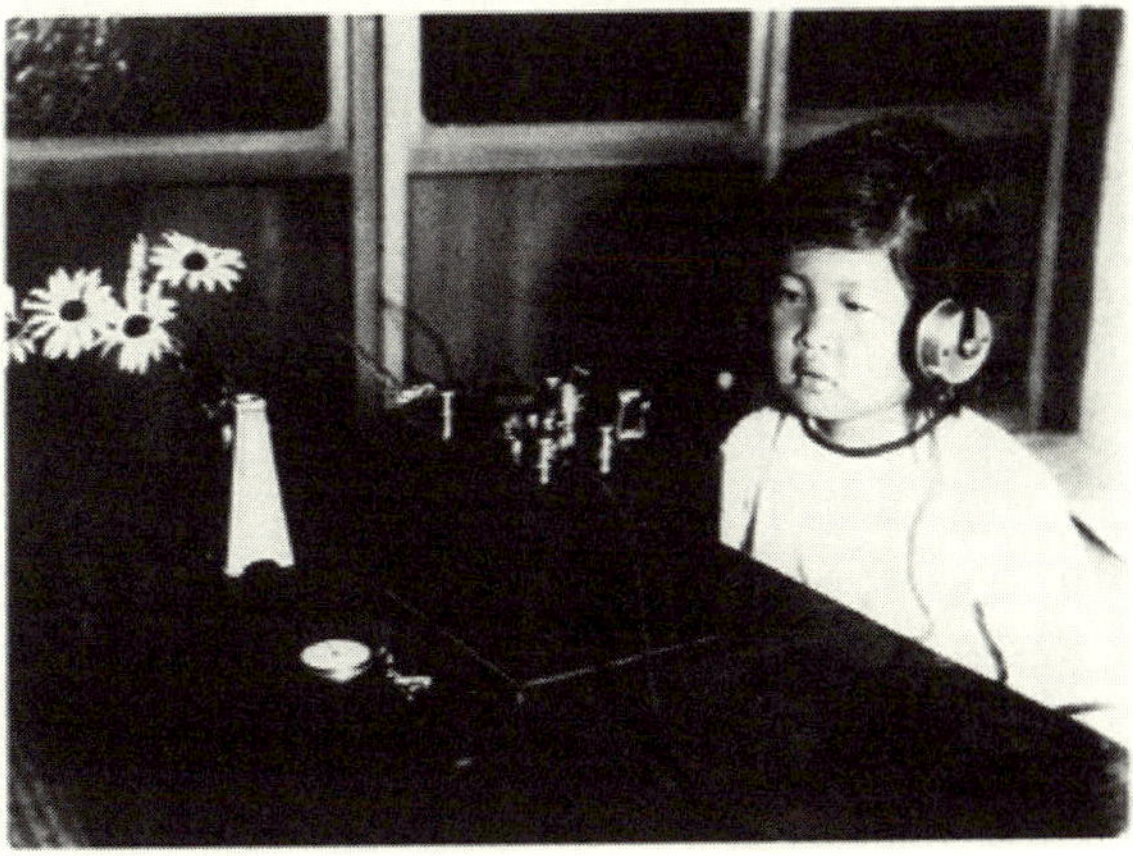

図3－8　鉱石ラジオを聴く少女（撮影：金田増一 1926年頃）日本ラジオ博物館協力

ーネットの起源は、アーパネット（ARPANET Advanced Research Projects Agency Network）と呼ばれる軍事用のパケット通信ネットワークでした。これはアメリカ軍だけが持っていた技術で、敵の核攻撃を受けた時、通信が途切れずにどこからでも連絡し合えるシステムとして考え出された。しかし冷戦が終わり、この技術が民間に開放されてからはインターネットが急速に普及し、人びとの生活を大きく変えていくことになる。

通信技術というのはまず戦争のために発達する。ラジオもそうです。ラジオの技術の発明は一九世紀に遡りますが、第一次世界大戦中は主に軍の無線として使われていました。戦争が終わり、平時になると民生用に開放されたラジオでレコードをかけたりするようになってラジオ放送が普及します。このように、技術の発展というのは戦争と平和に大きくかかわっている。

アメリカでは一九二〇年、日本では一九二五年に本格的なラジオ放送が開始されました。このように、九〇年前に起こったことといまインターネットで起こっていることはパラレルになっています。戦意高揚のためのプロパガンダが、平時にはマーケティングとなり、宣伝キャンペーンを行って人びとの消費を喚起する。そのように、生産と消費が循環する資本主義のシステムが形成されていったのです。

†リビドー経済——「生きるノウハウ」を奪う

一方でものをつくる経済、もう一方で人間の夢・欲望・消費をつくる経済があり、後者を、フロイトの用語を使って「リビドー経済」と言います。これはフロイトが、経済の原理を無意識の心的エネルギー(リビドー・エネルギー)の動きに見立てたものです。そして、大衆産業社会の夢をつくるということをビジネスの中心に据えたのが「文化産業(culture industry)」です。具体的にはラジオ、映画、レコード、電話などの産業です。

二〇世紀の資本主義と文化産業の表裏の関係を鋭く見抜いたのがテオドール・アドルノとマックス・ホルクハイマーの『啓蒙の弁証法』です。一九四七年に刊行されましたが、

図3－9　ホルクハイマー（中央左）とアドルノ

書かれたのは第二次世界大戦中です。この二人はユダヤ系で、ナチスの勢力拡大に伴いドイツからアメリカに亡命していました。そこでラジオ放送・ハリウッド映画が発達し、人々の欲望を喚起するのを目の当たりにして書いたのがこの記念碑的著作です。

　ラジオは電話から発達し、電話は発明された当初、実況放送に使われていました。アドルノ／ホルクハイマーは『啓蒙の弁証法』「文化産業――大衆欺瞞としての啓蒙」の中で、ラジオについて次のようなことを言っています。ラジオに電話からラジオへの推移の中で、個人が果たす役割は大きく変わった。電話の場合、通話者は主体の役割を自由に演じている。しかしラジオの場合、すべての人は民主的かつ一律に「聴衆」と化し、放送局が流す代わり映えのしない番組を無条件に受け入れるしかなくなる。人びとはラジオにおいて、「マスの聴衆」というポジションに置かれる。つまり主体から客体（受け手）になってしまう。

†「消費」を「生産」する

メディアは産業社会と分かちがたく結びついています。経済というのは平たく言えばモノを作って売るということですが、そういった生産活動とペアになるのが消費活動です。モノを作って売りつづければ当然市場は飽和しますので、消費をケアしなければモノを作り続けることができなくなる。ですから資本主義はある時期から、「消費自体を生産する」ようになりました。テイラー・システムから始まったフォーディズムが大量生産を生み出し、二〇世紀世界の大きな原動力となる。これはアメリカ型資本主義の制覇を大きく決定づけました。

この資本主義とペアになっているのがハリウッドで、夢・欲望を作り出すことにより、消費を生み出す。これらの文化産業を可能にした技術こそがメディアです。この二つがペアになり、二〇世紀資本主義を牽引していく。そして消費をベクトル化する技術がマーケティングで、これを初めて導入したのがフロイトの甥エドワード・バーネイズだったわけです。

夢＝欲望＝消費をつくる経済、すなわちリビドー経済は根拠なき心理学的・文化的議論と思われるかもしれませんが、けっしてそうではなく、実は資本主義において非常に重要な役割を担っている。リビドー経済に働きかけることによって、アメリカの資本主義は大きく発展した。そして現代の資本主義もまた、リビドー経済なしには成り立たない。ところが、この章でもレーニンやグラムシの鋭い指摘を見ましたが、二〇世紀のマルクス主義者はリビドー経済についての理論を持っていなかった。彼らはテイラー・システムならびにフォーディズムについては極めて有効な批判を行ったのですが、ハリウッドとマーケティングについては批判理論を持ち合わせていなかったのです。

フォーディズムは「作るノウハウ」を奪い、人間をプロレタリア化しました。次に映画をはじめとする文化産業は、人間にできあいのライフスタイルを提示してくれます。これによって人びとは「消費者」として、手軽にいろんな夢（イメージ）を抱くことができる。しかしそれらの均質化・平準化されたイメージを無差別に受け取っているうちに、自分自身で自らイメージをつくり、それを自分の言葉にする能力を失っていきます。これもまた一種のプロレタリア化の現象なのです。消費生活では、「生きるノウハウ」を文化産業に預けてしまうことになる。

私たちが生きている二一世紀の現代ではその傾向がさらに進んでいて、あらゆる生の場面がマニュアル化しています。アメリカ資本主義の原理にルーツを持つメディアの諸問題は、二一世紀の情報資本主義にいたってますます尖鋭化してきました。それについては、第5章で詳しく扱います。

†コカ・コーラに脳を売る

文化産業は人間の「生きるノウハウ」を奪う。このロジックを延長していくと、例えばですが、テレビ・コマーシャルの役割も見えてきます。

ここでひとつ例を挙げましょう。フランスのTF1という民間テレビ局があります。ここはもともと公共放送局だったんですが、一九八七年に民営化され、現在、フランス国内での視聴率は他局を大きく引き離し、特に若者からの支持が高い。いまから一〇年ほど前、ここの会長（Patrick Le Lay）が次のようなことを言って物議を醸しました。「我々民間テレビ局の仕事は、たとえばコカ・コーラが商品を売るのを助けることである。我々の番組づくりにおける使命は、視聴者の脳をコマーシャルのために空けさせることである。つまり娯楽番組で視聴者の脳をリラックスさせ、コマーシャルを受け容れられるようにすることだ。我々がコカ・コーラに売っているのは、人間の脳の中で彼ら（コカ・コーラ）のために空いている時間なのです」。

これは非常に有名になった言葉で、いろんな理論家が引用してますが、このテレビ局会長はこの発言でかなり顰蹙《ひんしゅく》を買ってしまいました。でも彼はここで、自分たちの仕事を極めてシニカルに定義しています。

ゴールデンタイムだと、テレビ番組でたとえば視聴率一五パーセントの一時間番組が放送されているとして、日本の人口を一億とすれば一五〇〇万人が見ていることになります。一五〇〇万人の脳の時間を一時間「借り切」り、その一五〇〇万の脳に向けてCMを流すというのは非常に効果的な活動です。そのCM料がたとえば三〇〇〇万だとすると、スポンサーにとってそのCM料は、一人当たりの視聴者の脳をわずか二円で借りるための対価というわけなのです。つまりテレビ局は、視聴者一人当たりの脳の時間をわずか二円でスポンサー企業に売り払っているという理屈になります。民放はタダで見られると思っていると、実際は視聴者である私たちの「脳の時間」を売却しているのだと気づくと、私たちのメディア社会の一面がよく理解できたように思えてくるのではないでしょうか。

このように、マーケティングというのは、バーネイズが言うように、まさに私たちの「心のなかに隠された市場」に働きかける技術なのです。企業はテレビ局から人びとの脳の時間を買い、人びとの「意識」を借り切ります。意識は時間の関数だからです。そして、CMなどで人びとの購買意欲を喚起します。これは、物の形をしたじっさいの商品をマーケットで販売する以前に、「意識のメタ市場」でまず先にやらなければいけないPR、もしくは、プロパガンダ活動だということになります。

「意識の市場」は、「メタ市場（市場の市場）」、つまり、市場を決定する力をもった市場です。商品が実際に売買される市場よりも上位に位置しています。CMで人びとの意識に働きかけることは、実際のマーケットで商品をアピールするよりもずっと効果があります。だからマーケティングにおいてCM（広告）というのは、非常に大きな役割を担っているのです。テレビを例にとりましたが、インターネットになるとこの経済のロジックはさらに段階を上げることになります。それについては、第5章でお話ししましょう。

第４章

メディアの〈デジタル転回〉

池田亮司 Ryoji Ikeda
test pattern [n°3], audiovisual installation, 2010 © Ryoji Ikeda

†二つのメディア革命②──デジタル・メディア革命

これまで述べてきたように、二〇世紀には二つのメディア革命が起こり、メディアの問題は現代の人間社会・生活基盤に深く関わるようになりました。

前章でお話ししましたように、メディアは産業社会と分かちがたく結びつき、生産活動とペアになって消費活動が促進される。資本主義はある時期から、消費自体を生産するようになりました。

生産の資本主義とペアになっているのが消費を生産する文化産業です、その基盤技術こそメディアなのです、この二つがペアになり、二〇世紀資本主義を牽引していく。そして消費をベクトル化する技術がマーケティングで、これを初めて導入したのが前章で紹介したエドワード・バーネイズです。彼は、人びとの意識を作り出すテクノロジーを社会の中に配備するという功績を残した。これはちょっと怖い功績でもありますが一般的にはあまりよく知られていません。二〇世紀以降の文明において、彼が作り出したマーケティングという技術は非常に大きな力を持つようになった。我々が営んでいるメディア生活は基本的に、その路線に沿って作り出されているとさえいえる。

ここに私がいつも使っている、二〇世紀におけるメディアと知の歴史をほぼカヴァーした図があります（図4－1）。一九世紀末から二〇世紀初め、ソシュールやフロイトの時代から始まって、メディア・テクノロジーが先進資本主義国の文明を大きく変えていった。それらのメディア技術が人間の精神を作り出す仕組みを分析して見せたのがフロイトやソシュール、あるいはフッサールといった二〇世紀の大思想家たちです。大思想家は、単に机上で思弁的にものを考えているわけではない。今から一世紀前のアナログ・メディアの登場は、人間文明に非常に大きな変化をもたらしたわけですが、二〇世紀の知の巨人はそれについて非常に優れた見解を残した。

たとえば現代において、バーネイズのことを知っている人はほとんどいない。けれども彼がもたらした技術が、現在の我々の生活を決定的に規定していることはまぎれもない事実です。このように、メディアというのは一般的にあまり正確に捉えられていない。私は常に、メディアを文字の問題として捉え返すことを研究の基本に据えています。一九世紀に機械が書く文字（テクノロジーの文字）が生み出され、二〇世紀を通して文明を書き換えていく。アナログ・メディアといわれる写真・レコード・映画・電話などが発達し、これらが二〇世紀資本主義の展開と結びついて我々の文明生活を形成してきた。

しかしメディア革命は、これ一回きりでは終わらなかった。一九五〇年前後、コンピュータの開発に端を発するデジタル・メディア革命が起こる。二〇世紀には二つのメディア

図4－1　二つのメディア革命と記号論の歴史

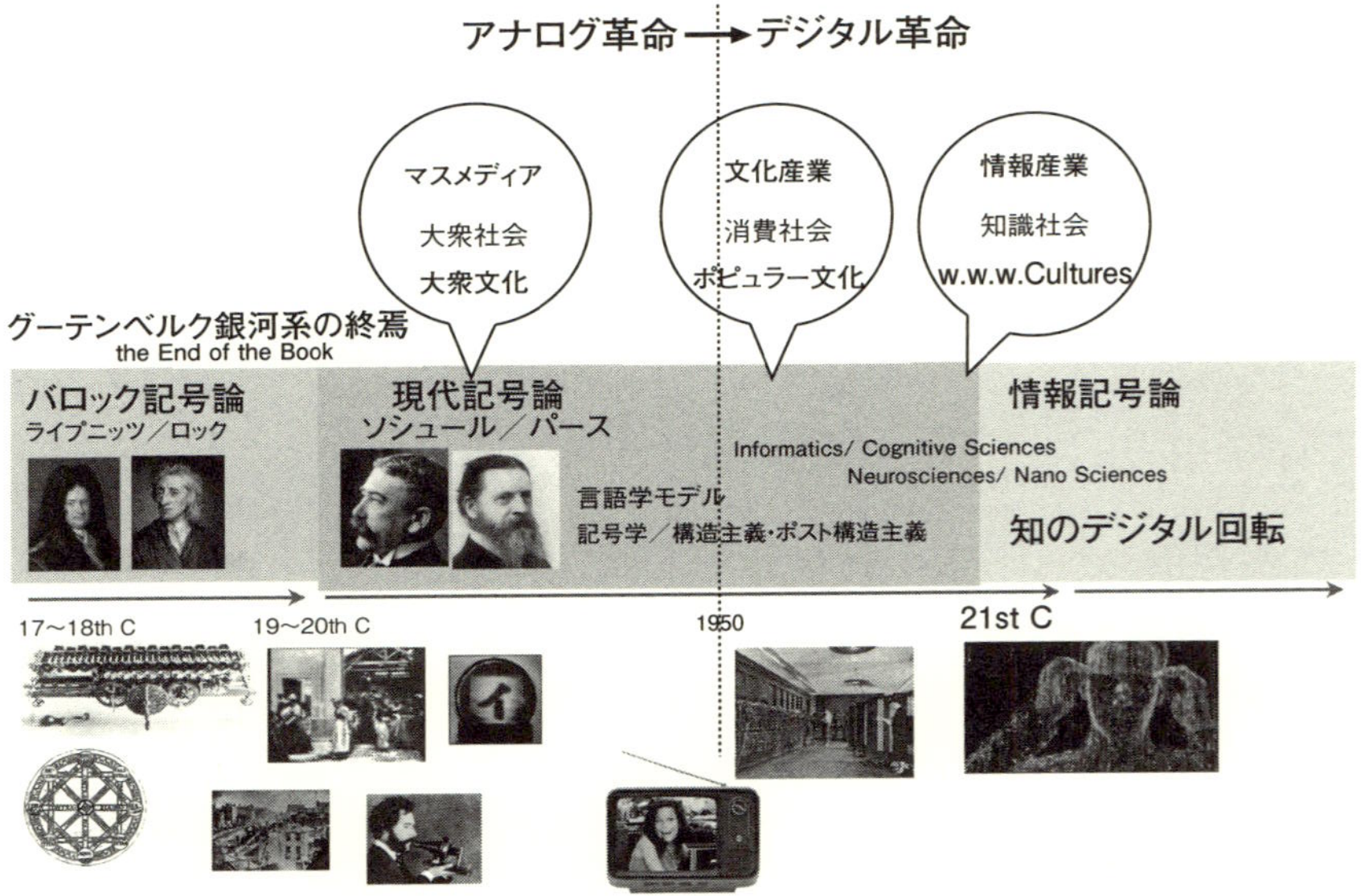

革命があり、これはちょうど五〇年を区切りに起きている。一九〇〇年前後にアナログ・メディア革命があり、一九五〇年前後を境としてメディアがコンピュータ化していく（デジタル・メディア革命）。この二つをきちんと押さえなければ、現在の我々のメディア生活を捉え返す視点を持つことはできないのです。前章では一九〇〇年前後に起きた変化にかんする話をしましたが、この章ではその次に起こった「情報革命」（＝デジタル革命）を捉え返し、現在の「情報産業社会」の成り立ちについてお話ししたいと思います。

†情報革命と意識の市場

これまで説明してきたように、メディアの役割とは、人間の知覚の閾値より下で文字を書くことによって人間の意識を新たに生み出すことです。これを技術的無意識と呼びます。ハリウッド映画だけでなくテレビ・ラジオやネットや様々な広告などにより、人間の意識が産業的に生み出されていく。前章で紹介したバーネイズは、意識が心の中の隠れた市場を構成する、と言っています。

一九八〇年代に記号論が流行った時、日本でもしばしば「意味を消費する」という言葉が聞かれました。意味を消費するとはすなわち、人間の意識内にかたちづくられる欲望が商品・行動の選択を動機付けるということです。プロダクトの販売においては、商品の機能を事細かに説明するよりも大衆の意識に直接働きかけたほうが有効である。商品の市場より上位に大衆の動機（意識）をめぐる「メタ市場」があり、そこに働きかける技術としてマーケティングが生み出されました。これは要するに広告・PRなど、いまではどの国でも行われている活動です。産業において、意識のメタ市場をめぐるせめぎ合い・奪い合いが非常に大きな産業的ステイク（利害）となっていく。そこで、人びとの意識の市場をめぐるさまざまな競争が起きる。

モノの生産力が向上すればおのずと生産のキャパシティは上がるわけですが、人間の時間・注意力は有限です。いくら寝ずに頑張っても、一日は二四時間しかない。これをめぐって非常に多くのコミュニケーション（メディア）が我々に働きかけてくる。それらは我々の時間・注意力を奪い合い、自分たちの意識の市場へと誘導していこうとする。

たとえばテレビの視聴率をめぐる競争がそうですね。人間の注意力をめぐるさまざまな働きかけが盛んに行われ、なおかつ加速の一途を辿っている。テレビが一方的に番組を送ってくる段階では、チャンネルを変えるにしても選択肢が限られている。地上波七局ならその七局の間で決まった同時間帯番組のあいだでの競争です。しかしネットの出現により異なるメディアをマルチタスクで見るということが一般化すると、人びとの注意力はさらに分散し断片化されていく。ここでは人間の注意力・時間が、奪い合われる稀少資源となるわけです。情報革命が進むと、意識の市場をめぐる競争は飛躍的に激化していくのです。

†デジタル革命の始まり

文化産業は、アナログ・メディア（マスメディア）の時代から大きく変容しつつあります。これには、デジタル・メディア革命が大きく関与しています。

デジタル革命は、一九五〇年頃コンピュータが開発されて始まりました。コンピュータは、それまでに五〇年かけて、アナログ・メディアによって蓄積されてきたアナログ記号をデジタル記号に書き換えていき、二〇〇〇年前後、それらがすべてデジタル記号に書き換えられました。まず、フィルムカメラがデジカメに移行していき、アナログカメラを使っている人はごくわずかになり、いまではよほどの趣味人でない限り、フィルムで写真を撮ることはないでしょう。それよりも前には、アナログレコードを聴いていた人たちがCDなどのデジタル・メディアに移行していきました。このように、デジタル・メディアの原理でどんどんデータが書き換えられていきました。そしてテレビも、二〇一一年七月二四日には、被災三県を除く四四都道府県でアナログ波が終息し、すべてデジタル化しました。これにより、アナログ・メディアであったテレビがデジタル・メディアになった。テレビの地上波デジタル化は、デジタル革命のひとつの完結を意味します。

デジタル・メディア革命とは、平たく言えばすべてがコンピュータになるということです。電話・カメラなどといったアナログ・メディアの形状を残していながら、中身はコンピュータです。

すべてのメディア機器がコンピュータになるデジタル・メディアの革命のためには、二つの要素が必要でした。ひとつは数学パラダイムで、平たく言えば、ありとあらゆることがらを計算可能にするための理論です。つまり0・1という記号だけですべてを処理する計算式を作る。

アラン・チューリングが一九三六年に考案したチューリング・マシンにより、すべてをアルゴリズム化するという原理がもたらされました。これについては私の専門を超えていますので、詳細を知りたい方は情報科学についての入門書をお読みになるといいと思います。

もうひとつは、情報を量として扱う計算式です。これはベル研究所の研究員であった電子工学者・数学者のクロード・シャノンが提唱したもので、シャノン・モデルと言われています。彼は一九四八年に『通信の数学的理論（*The Mathematical Theory of Communication*）』（W・ウィーバー解説、植松友彦訳、ちくま学芸文庫、二〇〇九年）という論文を発表しました。これはもはや、古典的なテキストです。彼は電話で会話するというシチュエーションから着想を得て、情報が入力・出力されるプロセスを示す計算式を作りました。そして確率変数が持つ情報の量を表す尺度として、エントロピーという概念を導入した。また情報量の単位として、我々が現在使っているビット・バイトを初めて提唱した。

彼が提唱したシャノン・モデルにより、すべての信号（情報）を計算処理できるようになりました。アナログ・メディアを見てみると、たとえば電話は電気信号、写真は光学的信号で成り立っている。彼はそういった物理的信号を計算処理するための式を作った。これにより、先ほどのチューリング・マシンによるアルゴリズム化が可能となり、機械が勝手に計算することができるようになりました。そして一九四六年、この数式を実装するコンピュータ・ＥＮＩＡＣが発明され（Electronic Numerical Integrator and Computer）、弾道ミサイルの軌道計算などに使われた。これは、軍事技術とも関わる歴史になりますが、フォン・ノイマン型コンピュータといって、最初は大型計算機として世に送り出されたものです。コンピュータの歴史はここから始まるわけです。これがだんだんミニチュア化して、いまではあらゆるところにそうした原理が働くようになった。

†計算機による書き換え

このデジタル・メディア革命にかんしては、複数の視点で捉え返すことが大事です。人

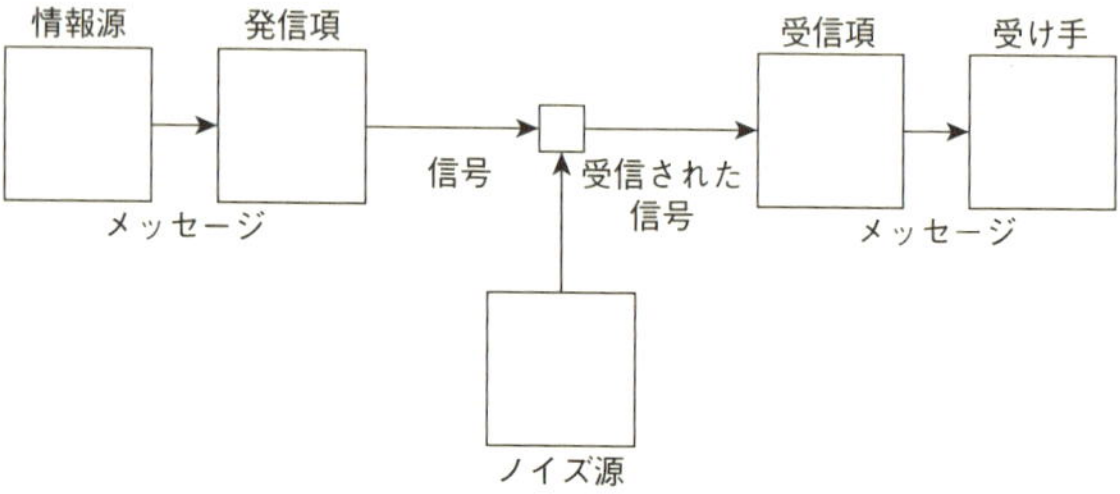

図4-2　「シャノン・モデル」シャノンとウィーバーのコミュニケーション・モデル

図4-3　ENIAC（エニアック、Electronic Numerical Integrator and Computer）1946年

間は機械が書き留める文字（テクノロジーの文字）を意味・意識の要素として受け止める。ここに、計算機による書き換えというプロセスが介在するとどうなるか。

パースの図式で言うと、手で文字や絵しか描けなかった人間が一九世紀に発明されたアナログ・メディアによって、人間が書けない／描けない痕跡（index 指標）まで機械で書けるようになりました。パースの図式（図3－1）で言うと、文字 Letter から像 Image へと、下に降りていくベクトルです。さまざまなノイズ、光の微妙な感覚までキャッチできるようになれば、おのずと音・画像・映像は鮮明になってきます。そして人間は、それらのテクノロジーの文字を送受信することができるようになります。人間は文章を書くにしても絵を描くにしても、一度心象に変換して、頭の中で捉えなければ表現できません。なにしろ、手で書くわけですから。

ところが、アナログ・メディアの出現により、身体知覚的なレヴェルまで書き留めることができるようになった。たとえばテレビを通して遠隔で視（tele-vison）たり、電話で遠くと通話（tele-phone）したりするだけで、視覚や聴覚が拡張されますよね。そういう意味で、テクノロジーの文字が人間の精神（Mind）から身体（Body）のほうへと降りていきます。コンピュータで処理するときでも、動画や画像はファイルが非常に大きいです。ノイズなど不必要なものも含めて、指標・痕跡 index のほうが、「情報量」が大きいということです。かつての郵便のような通信では、人間は使いたい情報から言葉をセレクトして文字にしたり、描きたい形を取り出して絵を描いていたわけですが、メディアのコミュニケーションによって、その情報量が処理しきれないほどに大きくなってきた。このように、メディアの出現による記号生活の変化を捉え返してみることが大事です。

コンピュータは開発された当初、数字しか扱えませんでした。つまり計算しかできず、パースの図式で言えば「symbol（象徴）」にしか関わっていなかった。非常に無味乾燥というか、決まり事だけをやっていたわけです。ところが徐々にテキスト（文字）も扱えるようになり、言葉・文章を表現することもできるようになった。DOSマシンでワープロを打っていた頃を想い出してください。しかし、マシンの情報処理能力がどんどん向上し、さらには、それまでアナログ・メディアが扱っていた写真や音声記録や動画映像のような、映像・音声などもすべて0と1で表してやり取りするようになっていく。

†ライプニッツの発明

0と1ですべてを書き表すというコンピュータの原理は、一七世紀のライプニッツにまで遡ります。すべての言語は0と1のみで書き表すことができる。0と1で書き表すと数《すう》なので計算することができる。そして計算機で扱うことができる。このアイデアは、ライプニッツの発明です。ですからコンピュータの父はチューリングやシャノンではなく、ライプニッツなんです。

彼がわずか二〇歳の時に書いた「結合法論」(*De Arte Combinatoria*)という論文にはすでに、コンピュータの原理が記されている(図4-4)。さらにライプニッツは0と1ですべての思考を表すことができるということを発見する。「思考のアルファベット」と彼はそれを呼んでいます。彼は、陰陽の組合せで物事を整理する中国の易にも同じ発想を見ている(図4-5)。二進法(binary)ですべてを書き表せば計算することができ、機械に扱わせることもできる。彼はこれを普遍記号論(Characteristica universalis)と呼んだのです。

すでに述べましたように、ライプニッツの普遍記号論こそ、コンピュータの思想的発明だったのです。二進法ですべての数を処理するという原理はよく考えられたものですが、実際にはあらゆる概念を0と1で書き表すというのは非常に煩瑣なことになります。数でも十進法よりも、二進法のほうが飛躍的に大きな桁になる。大きな桁のもの同士の足し算や掛け算は、単純ではあっても強力な計算能力を要する。技術的な進化がなければ、適切な処理速度で有意な計算をすることは不可能です。

先ほど挙げたENIACというフォン・ノイマン型のコンピュータは真空管を組み合わ

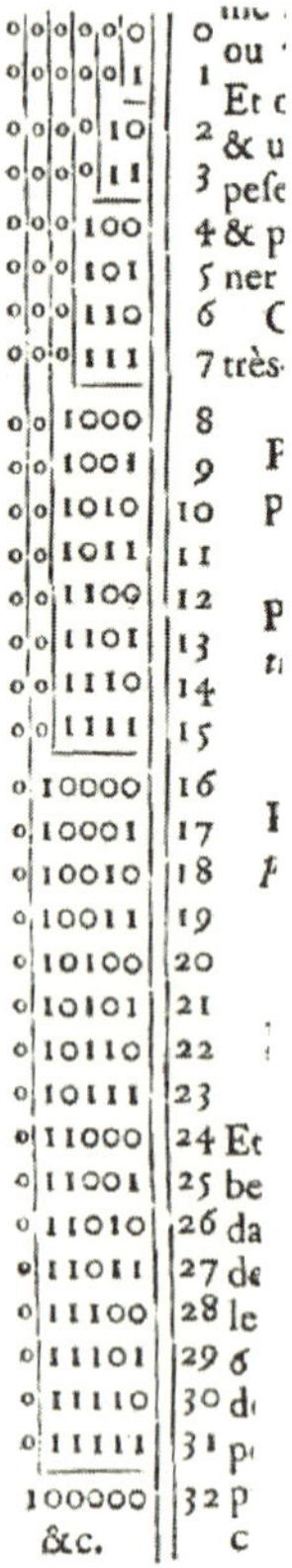

000000	0
000001	1
000010	2
000011	3
000100	4
000101	5
000110	6
000111	7
001000	8
001001	9
001010	10
001011	11
001100	12
001101	13
001110	14
001111	15
010000	16
010001	17
010010	18
010011	19
010100	20
010101	21
010110	22
010111	23
011000	24
011001	25
011010	26
011011	27
011100	28
011101	29
011110	30
011111	31
100000	32
&c.	

図4－4　ライプニッツ「結合法論
De Arte Combinatoria」1666

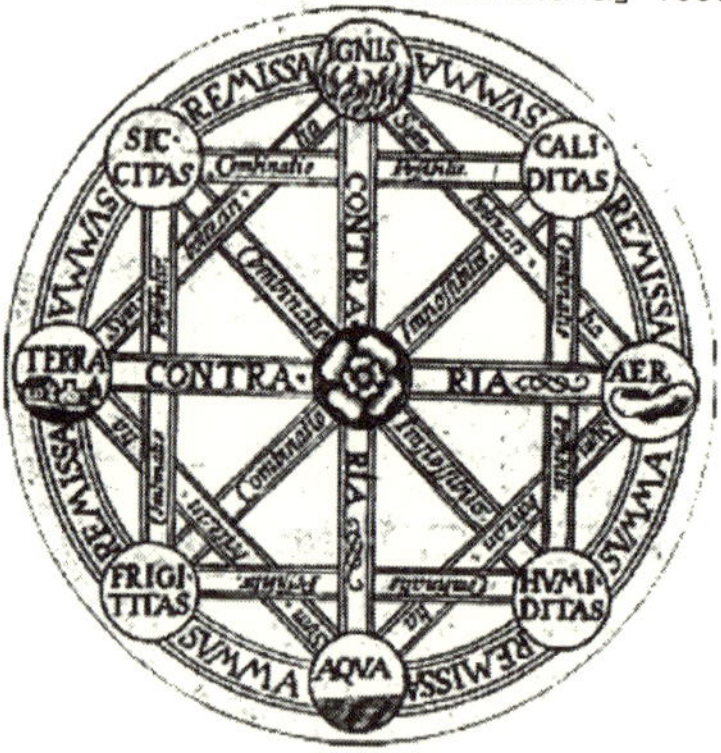

図4－5　ライプニッツ「0と1の
数字だけを使用する二進法算術の解説」

図4－6　ライプニッツの計算機

せてできていますがまだ十進法です。しかし電気信号によって0と1を処理していくことから始まり、試行錯誤を経てようやく使用に堪えるコンピュータが作られるようになりました。ライプニッツの計算機（図4−6）のように歯車で計算する場合、非常に簡単な計算式はできるけれども、人間の言葉のような複雑なものを扱うことはできません。しかしそうした処理能力も徐々に向上していき、いまや小さなシリコンチップ上に作られた集積回路に膨大な情報が網羅されるまでになっています。さらには分子配列以下のレヴェル、ナノテクノロジー（物質をナノメートルの領域、すなわち原子・分子のスケールにおいて自在に制御する技術）にまで到達している。このようにコンピュータはどんどんミニチュア化しているわけですが、原理的にはすべて0と1で書かれている。そういった装置があらゆるところで使われるようになりました。

ではコンピュータはこの時、何をしているのか。たとえば写真のデジタル化では、アナログで撮った画像の明度・彩度をコンピュータがすべてデジタル記号（0と1）に変換し、情報処理しています。とはいえ、デジタルカメラのレンズまでコンピュータになっているわけではありません。カメラ自体はレンズを備えた光学機械でなければいけないんですが、そこから入力された信号（画像）をデジタル変換し、劣化しないようなメモリー（データ）にするのはコンピュータです。アナログ・メディアによるテクノロジーの文字を0と1という数字に変換します。この数字化という原理からデジタル・メディアは生まれたわけです。

†情報記号論

当初は手で書く文字Letterだったものがアナログ・メディアの出現により像Imageとなった。アナログ・テクノロジーの文字は対象に漸近し、対象と同値になろうとする。そのアナログ・イメージを、さらにデジタルな数列にデジタル変換して計算可能にする。

前章で示しました記号のピラミッド（図3－1）を発展させた図4－7を見てください。アナログ・メディアが捉えた痕跡（index）をアナログ情報として受けとめて、デジタル変換する。さらに、そこから有意な情報（かたち・色・日付・場所・撮影者など応用可能な情報）を取り出すための任意のプログラムによる計算にかける。思考とは計算であるとホッブズのように考えることができるなら、計算式を与えてやれば、機械も「思考」することができるようになるはずです。こんなふうに、「記号の逆ピラミッド」の部分が、デジタル化時代には私たちの記号の生活に加わることになりました。

人間の精神（Mind）を人間が書く記号の生活とは違って、身体（Body）と像のレヴェルで情報処理のプロセスと接する生活を人間は営むようになる。つまり、コンピュータとの

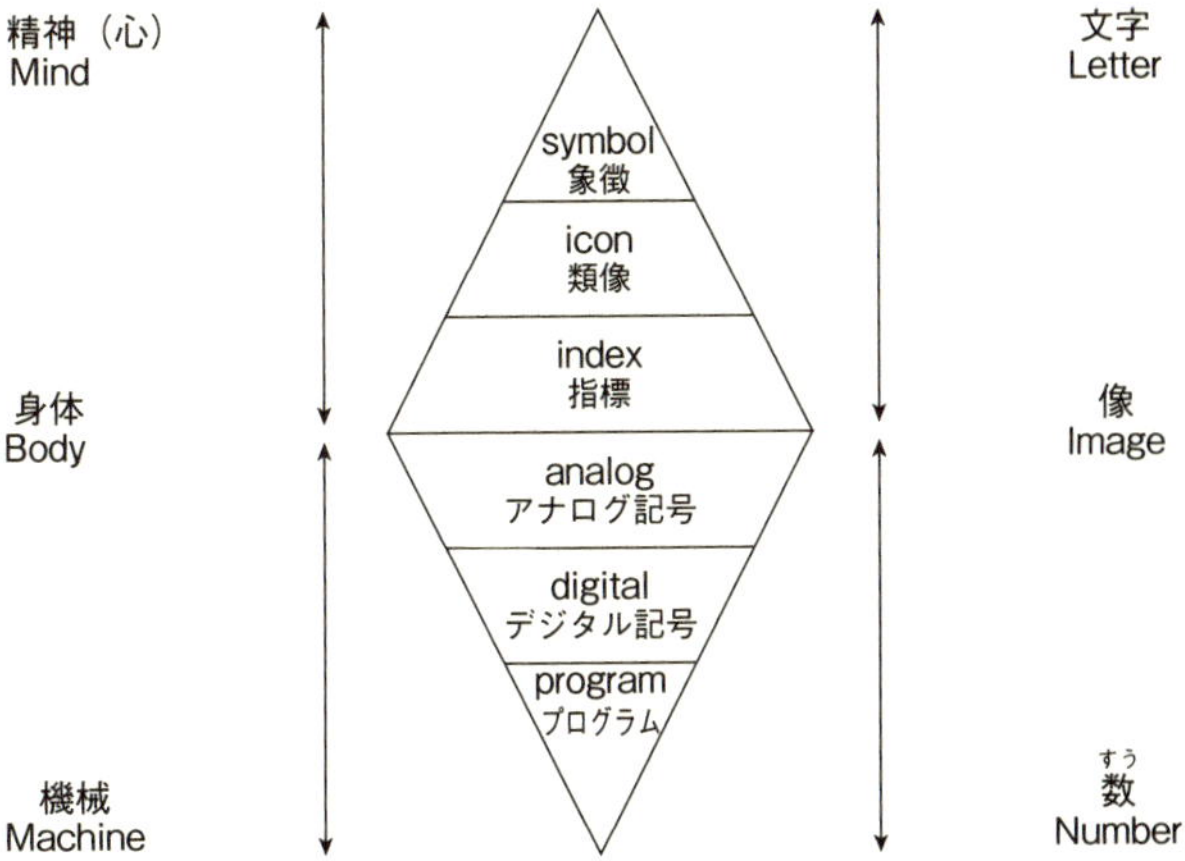

図4-7　「記号のピラミッド」と「記号の逆ピラミッド」

界面（インターフェイス）で、人間の心（Mind）と機械の計算が向き合う世界になっていく。人間の知覚が世界を読み取って人間の心に意識や意味が生まれているあいだにも、機械の方では、人間の感覚経験や行動パターンや思考を解析して情報処理のプロセスを刻々と行っていく。前章で紹介したパースの記号論では、人間の記号活動を「記号過程（semiosis）」と呼びますが、人間の記号生活は、つねにすでに、機械の情報処理（information processing）との界面で営まれるようになってきたわけです。私は、この関係を扱う記号論の新しいあり方を「情報記号論 information semiotics」と名づけて研究を進めてきています。「人間がセミオーシス（記号過程）しているあいだに、マシンは情報処理している」。この問題を扱うのが「情報記号論」という研究分野です。図4－7は、人間とマシンの関係を示した図というわけなのです。

†世界のデジタル化

たとえば私はいま、パソコンのインターフェイスを覗いている。ここでは私の心（Mind 精神）がパソコンの中を見ているわけですが、パソコンのほうでは私の操作をデジタル記号列に変換しています。このような界面関係が徐々に人びとの日常生活のデフォルトになっていいます。世界のデジタル化が完成すれば、あらゆるところにこのインターフェイスが介在するようになる。

デジタル記号への変換とは、痕跡をすべて数字化するということです。アナログ・データをコンピュータで扱えるようにしてプログラム化・アルゴリズム化する。実世界はアナログ的なわけですが、あらゆるところにコンピュータが配備されるようになれば、情報は刻々とデジタル変換され、データとしてどこかにストックされていく。思考を計算式で表すことができるようになれば、アルゴリズム化できる。そのような書き換えを行うことにより、機械も心を持つ人工知能が構想されるようになりました。

あらゆる情報がデータベースに編入されていけば、やがて世界そのものがデータベースと同値になり、そのデータベースの中に「人間の世界」が成立するようになるわけです。

†デジタル・メモリー

デジタル化には次のような利点があります。たとえばレコードはビニール素材の上に書き込むことによって成立している。電話は、電話線という物質を通して信号を送ることによって成立している。写真は、化学的反応を起こす乾板の上に光の痕跡を書き留めることによって成立している。つまりここでは、メディアの材質と痕跡とのアナロジック（類似的）な関係が固定されている。

ところがデジタル革命ではそうした素材を問わず、媒体に書かれたものを読み取り、すべて0と1の記号列に書き換える。そうすれば、記録が劣化しなくなるという利点があります。モノは当然のことながら劣化していきます。写真であれば時を経るにつれてセピア色になり、レコードは劣化・摩耗し、音が鮮明に聴こえなくなったりする。モノに書かれて物質と関わっている限り、そういった問題が起こります。一方、デジタル・メディア上に書かれたものは、記号・データが移し替えられコピーされていけば、失われることがありません。

データ data というのはそもそもラテン語の datum の複数形で、所与という意味です。

所与のものは必ずコンピュータの中に取り入れられ、ストックされる。コンピュータ用語では、これをメモリー化されると言います。もちろんメモリーと言っても、人間の思い出（記憶）とは違います。コンピュータによってメモリー化されたデータは、原理的には劣化・消失しない。アナログ信号の場合は物理的に劣化しますが、デジタル信号の場合は数値そのものが記憶されている限り劣化しません。あらゆるものがメモリー化され、しかも劣化しないのだから忘れ去られるということがありません。

†「検索人間」と「端末人間」

これがデフォルト状況になってくると、物や知識を発見するというよりは、情報を検索するようになる。たとえばいま居る場所が分からないという場合、歩き回って経験的に街を探索したりするのではなく、「ここはグーグル・アースに登録されているはずだ」ということで検索する。データと世界が同値なのであれば、検索するほうが手っ取り早い。そうするとすべて検索して探すことになり、リアルな世界との接触がだんだん希薄になっていきます。つまり、リアルな外の世界を喪失していくということです。

インターネットのなかを覗いていると、あらゆる情報が載っているように思えてくるので、何時間も情報検索という活動を行って毎日生活するようになります。人間の活動のなかで「検索」という活動が非常に大きなウェイトを占めるようになります。何をどのように検索したかによって、得られる情報は決められ、その履歴にしたがって、次の日もまたその次の日も、あなたは検索を続けていく。そのようにして、いろいろな情報や知識をえて生活をしていくわけですから、あなたの世界は検索によって開かれ、検索によってあなたはあなた自身になっていく。あなた自身が検索し、それぞれのページからクリックして、次のページへと進んでいく必要があります。たとえばネットサーフィンをする時、みんな同じヤフー・ジャパンのトップ画面から出発しても、数分経つとそれぞれが違う画面を見ていたりします。あなたは「検索人間」として「個人となっていく」わけです。

コンピュータでは、あなたはあなたの端末のアカウントから、IDとパスワードを打ち込むことでしかコミュニケーション・ネットワークに入れない。ここでは、各人がどこからデータに入っているかが必ずそれ自体としてデータ化される。それぞれの人が、自分のアカウントの数字列からしか入れないユニヴァース（宇宙）に入っていく。そして、そのユニヴァースでは、それぞれの人は、ネットのなかの全ての端末と結びついていて、それぞれの固有の端末から、すべての情報を「映し出す」——「表出」する——可能性を秘めている。それぞれが、それぞれの独自のやり方で——「端末人間」として——全宇宙を映し出しているわけです。これもまた、ライプニッツが、彼の『モナドロジー（単子論）』

という著作で描き出した宇宙原理なのです。

アナログ・メディアの革命を説明した際に、「文字《グラフ》テクノロジー」と「遠隔《テレ》テクノロジー」の組合せの話をしました（第2章を参照）。

デジタル・メディアにおいても、同じ組合せが起こります。デジタル化し数値化するテクノロジーと、コミュニケーションし合う遠隔テクノロジーが結びつきます。インターネットがその端的な例です。但し、デジタル・メディアでは、数値を介した結び付きです。その場合、あらゆるコミュニケーションは、原理的に「数値」同士の「組合せ」となります。あなた自身も、そのコミュニケーションの中にデータとして、入らなければならない。数値の組合せとしてあらゆる情報と結びついているけれど、固有の視点からのみこのネットワークのすべての端末とコミュニケートできる。

†マトリクス化する世界

デジタル化とは数値化であり、数値化するとはすなわち、すべてのことがらを一度数列にばらすということです。数字にばらせば、組合せを変えることができる。つまりそこでシミュレーションが可能となるわけです。記録されたものはマトリクス（行列）になる。これもまた、コンピュータの大きな特徴です。

アナログ・メディアの場合は、ある光景（シーン）が被写体の写真や映画として届けられる。ところがこの情報をデジタル化すると抽象的な数値になりますので、組み替えれば別の映像も作ることができる。一度数値（データ）として保存されたものは組み換え（再利用）可能である。色や形を変えることができます。デジタル化したデータは単なるデータではなく、そこから様々な色や形を生み出すマトリクスになっているわけです。

たとえばミッキーマウスは描き手の技術・センスによってさまざまに描かれるわけですが、この画像をコンピュータに入れてデジタル変換すれば村上隆やウォーホルのアートなど、さまざまなミッキーマウスを生成することができます。

あらゆる形象をアスキーアートで描くことができるように、すべての情報を0と1で書き換えればあらゆるイメージを生成することができます。すべての情報がデータ化されて01になり、劣化・消失しなくなれば、人間のように忘却することもありません。

†ボルヘスの地図、忘却を忘れた人

デジタル・メディア上に書かれたものは、常に記号を移し替え、記号自体が永久にコピーされ続けていけば、失われることがありません。いまは各人にコンピュータ（スマートフォン、タブレット）が付いて歩いていますので、個々人の痕跡がすべて保存され、収集され、世界中に蓄積されていきます。

これを、地図のたとえを使って説明しましょう。いまではあらゆる情報を載せるインターネットのような巨大な地図がつくられ、そこにあらゆる人がブログやらツイッターやらホームページなどで情報としての生活痕跡を書き込むようになった。また端末が自動的に日付や時刻、位置情報といったメタデータを付与していく。情報の精度は、どんどん実物の世界の空間や時間に漸近しつつある。

情報の精度が限りなく現実に近づき、やがてはすべてが情報と同値化してしまうだろう。ホルヘ・ルイス・ボルヘスの『学問の厳密さについて』(*On Exactitude in Science*)という一頁の超短編小説には、地理学があまりにも発達したので、帝国の大きさと同じ尺の地図をつくったという逆説的な挿話が書かれています。世界の情報地図は、いまはまさに、これと同じような状況に近づきつつある。

あらゆる人の痕跡が書き込まれた巨大な地図が形成されている。たとえば、ライフログという、個人が自分の二四時間の日常、人生の記録をすべて、小型の携行デジタルカメラなどのウェアラブル・デバイスで記録する技術があります。実際、グーグルグラスのようなもので毎日の記録を撮り続けるという実験をしている情報科学者がいますが、これは一見、便利なように見えて、果たしてそれをどのように見るのかという逆説的な問題があります。一生記録を撮り続けているとすると、死んでしまえば見返すことができない。実時間で全部記録を見直そうとすると、八〇歳まで生きるとして、四〇歳までひたすら記録して、それ以降の四〇年を使って見返すとしても、見返している自分の生活も記録し続けるだろうし、だとすると……、というような、ボルヘスの地図なみのパラドキシカルな状況に陥るわけです。

ボルヘスのもうひとつの短編『記憶の人フネス』（図4－8）には、すべてのことを記憶していて、忘れることができないという病気にかかった人が出てきます。ここにもライ

図4－8　ボルヘス『記憶の人フネス』

フログと同じパラドックスがあって、人間は忘れることができなければ、何かを思い出すことができない。思い出すための時間が確保できない。人間が何かを思い出すには、忘れることができないと駄目なわけで、すべてを覚えているということは、何も思い出せないということと循環構造で結ばれている。これもまた、非常にパラドキシカルな問題を提起していますす。私たちもフネスのように頭が痛くなってきますよね。

†デジタル革命の完成

先ほど、デジタル革命がそろそろ完成し、世界と情報とが同値化しつつあると言いました。いまほとんどの人がスマートフォンなどモバイルメディアを持ち歩いているということは、人間の生とコンピュータが常に一対一で対応しているということです。年がら年中、寝ている間以外は付きまとっている。起きている時のコミュニケーション活動のほとんどをコンピュータが担っており、モバイルメディアのネットワークによる人間の生の囲い込みがほぼ完成しました。さらにはグーグルグラスやアップルウォッチのような身体により密着したウェアラブル・メディアも普及してきており、今後は身体の中にマイクロチップを埋め込むなど人間がサイボーグ化する段階にまで進んでいくのかもしれない。

†モノのインターネット

また、実世界のモノにもコンピュータが着々と埋め込まれています。これはモノのネットワーク化と言って、いろいろなところで使われています。たとえばスーパーマーケットの買い物カゴにはユビキタス・コンピューティングの端末が付けられていて、これを消費者の行動記録と連動させるなど実験されています。モノとモノとがインターネットで結ばれてコミュニケーションしているわけです。たとえば、このペットボトルがいつどこにデリバリーされたかということがチップ上に記録される。モノ同士をコミュニケートさせてそれぞれの法則性を割り出し、それを数式化・アルゴリズム化（自動計算手続きに変える）すると、お弁当とお茶のように親和性の高いものはおのずとワンセットになる。つまりモノとモノが呼び合い、そこで結びつくわけです。これはオートメーションですね。オートメーションというのは当初、モノをつくるときに起こっていた現象ですが、今では関係性そのものがオートメーションになっている。つまりモノとモノ、あるいはモノと人との関係がオートマティックに調整可能となったわけです。ある人が野菜売り場で何を買い、魚売り場で何を買ったかをコンピュータが記録していく。店側はそのデータを参考にし、少しでも売り上げが良くなるように商品のディスプレイを変えるなどする。

農産物だって一つ一つの袋に生産者の情報を入れたICチップが付いていれば、誰が育てた野菜かも分かりますし、どこの配送所をいつ通過して、いつ届けられるか、いつ冷蔵庫に入れられて、賞味期限がいつ来るかも追うことができます。そろそろ、自分は食べ頃ですよと、野菜自身が冷蔵庫に知らせ、冷蔵庫がこんどは料理をつくるパパやママに知らせることだってできるでしょうし、冷蔵庫はレシピと連動することも可能でしょう。まだそこまですべてのサービスが進化しているかは私は知りませんけれど技術的には可能です。私は、東京大学で新しい図書館の計画に関わっていましたが、たとえばすべての本にマイクロチップを埋め込めば、自分の借りたい本がどこにあるかをスマートフォンで探すこともできますし、図書館も、いつ誰が借りたかをサーチすることができます。人間がコンピュータに囲い込まれ、モノ自体にもコンピュータが埋め込まれる。このようにして人間の基本的な生活世界のネットワーク化がますます進んでいく。

コンピュータの最大の強みはアルゴリズムです。これにより、自動的に推論することができる。たとえば、アマゾンで本の買い物をすればするほどあなたの興味のある本、分野、趣味などの情報がアマゾンのサーバーに蓄積する。そこから似たような活動をする人たちとのクロスチェックを取り、マッチングさせたうえで「この商品はいかがですか?」というようなリコメンド・メールを送る。各ユーザーにそういう提案をする。ここではコンピュータが人間に指図し、人間はそれをよりどころにして生きている。そのようにして、人間の生き方のほうが、むしろコンピュータに合わせるようになって、アルゴリズム化していくわけです。

†グーグル化する世界

この原理によって世界を制覇した代表的な企業がグーグルです。グーグルのミッションは「世界のあらゆる情報を整理してユニヴァーサルにアクセスできるようにし、なおかつ万人にとって役に立つものにする（"Google's mission: to organize the world's information and make it universally accessible and useful"）」というものですが、彼らはまさにアルゴリズムによって人間の生をオーガナイズしています。世界中の情報を組織化して検索可能にし、リコメンドを可能にすることによって人間生活と情報テクノロジーとが循環する巨大なプラットフォームを形成しているのです。

あらゆるものにマイクロチップが埋め込まれ、あらゆるものが情報を背負っている。人間はこのような状況において、情報の帰属と所有をめぐるさまざまな問題に向き合わざるを得なくなる。

知的所有権の問題がそれです。あるものの情報には、それについて権利を持っている人を通してしかアクセスできない。あるいは、それを使うためにはしかるべき手続きを経なければいけない。すべてのものがコンピュータによってリストアップされれば、それぞれについて権利が発生してくる。そうすると、解読された遺伝子にまで所有権が発生することになって、知的所有権が産業活動の中心に据えられるようになりました。それはもっとも根本的な話としては、「情報」の原理に基づいて世界が組織されるようになったから、情報は誰のものかという問題がクローズアップされてきたからです。

神様は木の葉に所有権を設定しませんでしたが、もし木の種の遺伝子を解読した人（情報化した人）にその木の所有権が設定されてしまったらどうでしょう。今や、あらゆるモノに所有権が設定されていますので、知的所有権というものが非常に大きな経済的ステイク（競争的利害）になっている。

情報を読み取り、整理する活動（知識）が非常に重要な産業のイノベーションのベクトルになっていく。ですから生命科学のような分野が注目されているわけで、今まで情報化されていなかった生命というものを情報の列に変え、あるいはその列を組み合わせることによって別の生命をつくっていく。そういう活動がフロンティアとして非常に大きな注目を浴びている。これは情報化によってもたらされた、科学技術と産業との関係です。

情報にもとづいて世界が組織されると、情報がもっとも重要な資本主義のステイクになる。これを「情報資本主義」と言います。あるいは別の経済学者は「認知資本主義（cognitive capitalism）」と呼んだりしています。

†グーグルの言語資本主義

グーグルが慈善的に情報を整理してくれているだけならいいのですが、実はそうではありません。グーグルは営利企業ですから、当然収益を上げることを追求している。さっき引用したミッションには、そこは書いてありませんが。

彼らは情報を整理し、これを競りにかけている。ページランクという仕組みです（図4－9）。検索ワードにたいしてヒットする度合い（rate）を計算したうえで、自分のサイトに誘導するような広告を打てますよと各企業にアピールする。この広告収入によって、グーグルの企業としての経済活動が成り立っています。

グーグルの創業者であるラリー・ペイジとセルゲイ・ブリンはもともとスタンフォード大学の図書館プロジェクトに関わっていた若者で、彼らはバックリンクを分析する検索エンジン（BackRub グーグルの原型）を開発しました。

近頃は学者の能力まで競りにかけられているようで、待遇とか報酬にまつわる身も蓋もない話をしばしば耳にします。インパクト・ファクターというのは、その学者の論文が誰にどのぐらいの頻度で引用されているかを示す指標ですが、これをもとにして学者や彼が属する大学のパフォーマンスが導き出される。

グーグルのAdWordsというサービスではこれと同じ原理を用い、検索ワードをランク付けします。そこでは当然みんなが引用し、参照している言葉を含む頁が上位に位置づけられる。そして、そういった言葉を使って広告を打つサイトはより多くのインパクトをもつわけで、そのためにより高い広告料を要求される。その料金は常に変動します。

テレビとは違ってネットの場合は漫然とパソコンの前に座していては情報を得ることができませんから、各人が検索しなければなりません。AdWordsでは　広告主は検索ワードの変動価格に基づいて広告料を取られます。いまやヤフーをふくむありとあらゆる検索サイトはグーグルの検索エンジンを採用しているわけですが、たいていの人は検索結果の三ページぐらいまでしか見ない。四ページ以降を見る人は全体の一〇パーセント以下といわれています。三ページまでに自分の会社のサイトが載っていなければ、ユーザーを誘導できる可能性は極めて低くなる。ですから企業にとっては、一～三ページのどこに自分の会社が出てくるかが重要になります。検索にひっかかる頁を維持するためには、とうぜん、頻度の高い検索語を使用しようとするでしょう。そうすると、競争原理が働いて、そういう言葉が三ページ以内に出てくる頻度がますます高くなると思いませんか。そうなるとネ

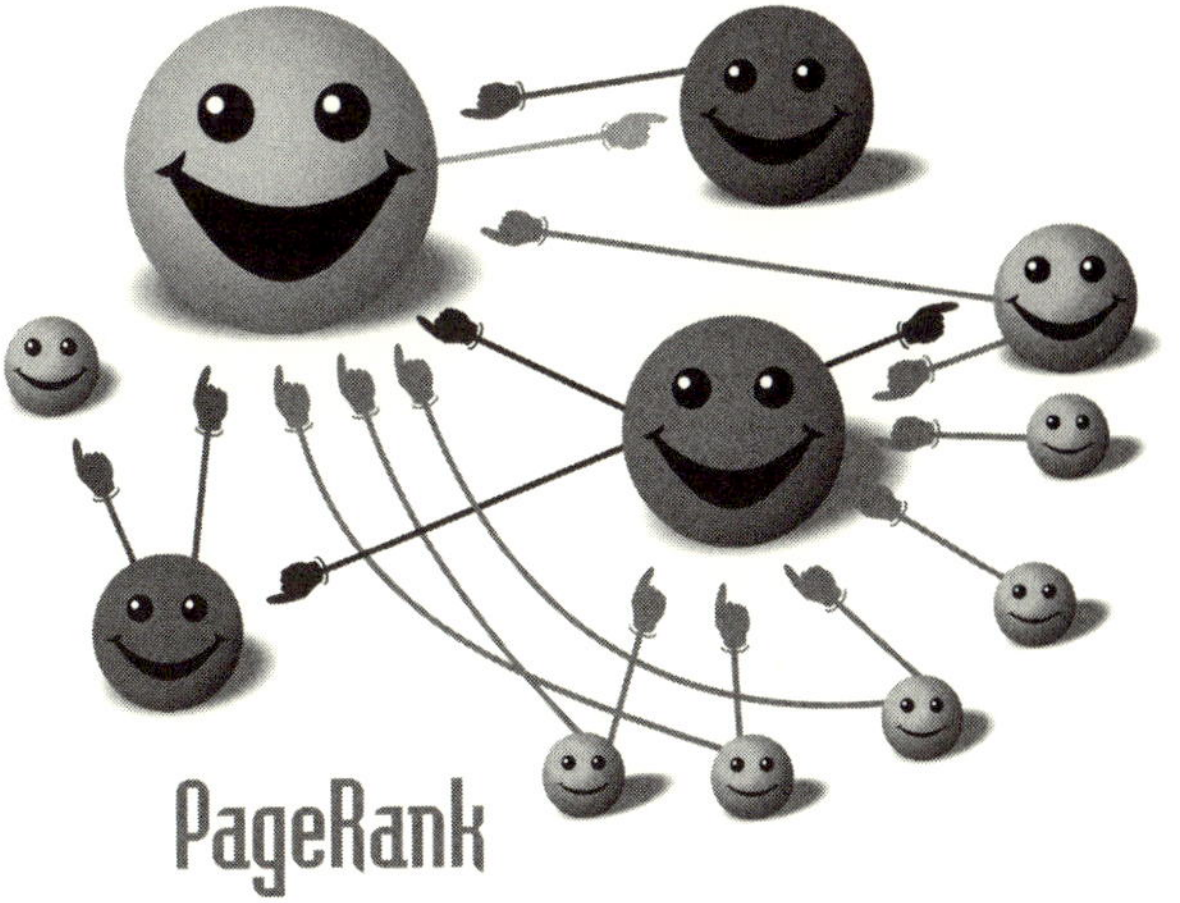

図4－9　グーグルの「ページランク」。参照されるページの重みが増していく仕組みの説明図

ットで生活している人たちは、検索頻度が高い言葉を多く含む言語生活をするように次第になっていくと思いませんか。

†言葉の変動相場制

検索ワードがランク付けられ、それに伴って広告料金が変動する。ここでは検索語という「言葉」が売られているわけです。検索ワードが商品価値を持ち、なおかつその言葉に広告価値という知的所有権のようなものが設定されている。しかもその価値は、株価のように日々変動していく。

たとえば「精神」という言葉とそれに関連した語を使うと、今日は五〇〇円だったけど明日は七〇〇円になるかもしれないというように、言葉が「変動相場」によって価値が上下するようになる。

この言葉の価値の変動メカニズムと、第3章で説明した、広告市場という「意識のメタ市場」が連動します。

これはグーグルの「言語資本主義（linguistic capitalism）」と名づけられ、最近とくに問題視されています。一時は生物のゲノム解読をめぐって知的所有権の問題がさかんに議論されましたが、いまや言葉にも所有権が設定され問題化している。グーグルを使うユーザーは高いランクに位置づけられた言葉、すなわちネットでよく使われる言葉へ知らずのうちに誘導され、やがてそういった言葉によって自分の精神生活を営むようになります。一定程度の長いスパンでみれば、人びとの使う言語が変質していきます。

我々は一日にどのぐらい検索して、それぞれの検索語について何ページ読んだかなんていちいち覚えていない。しかし実は、我々は膨大な数のページを読んでおり、これに沿って自分の言葉を使って生活しています。自分の精神を生み出しているといってもいい。ところが、これは、先ほど言ったグーグルの言語資本主義と連動してきています。さきほど、現代人は「検索人間」化しているといいました。つまり検索することにより私たちの自分であることの意識が生み出されているわけです。検索している時、あたかも自分がイニシアティヴを取っているように思いがちですが、実はそうともいいきれず、検索語に基づい

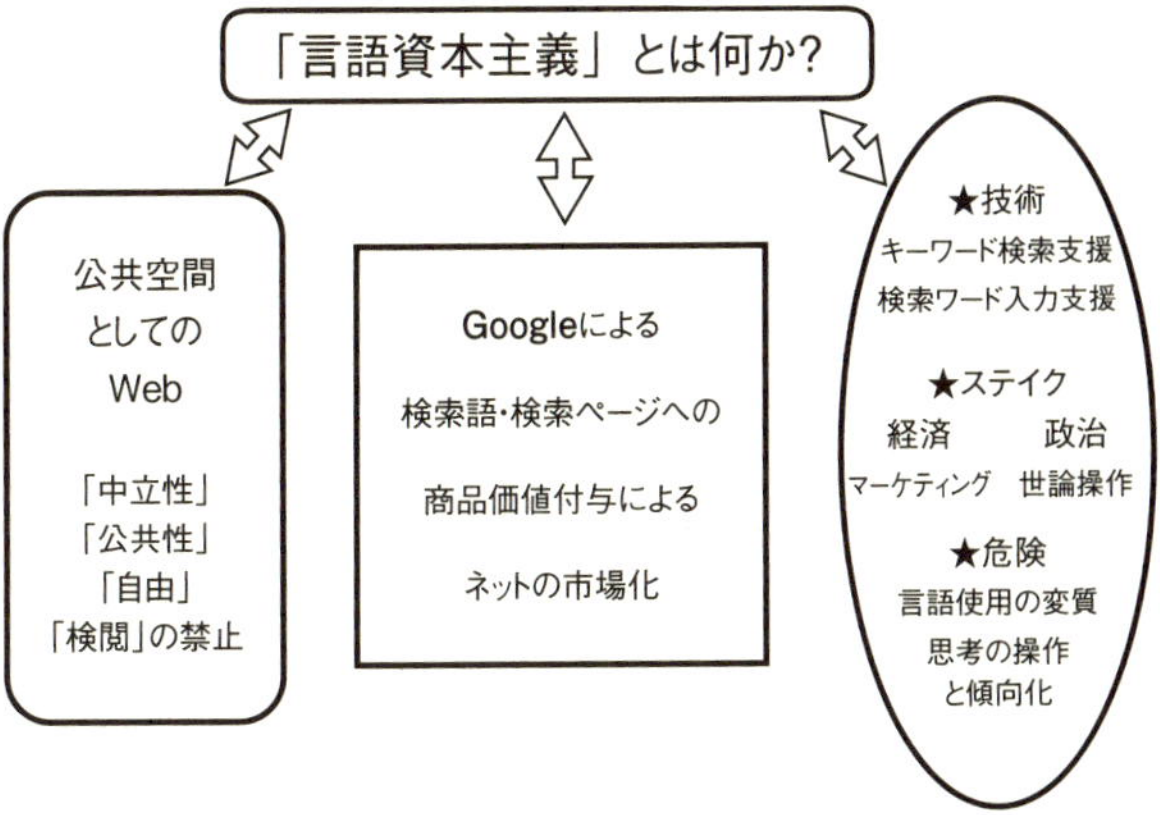

図４－10

て自分を「個人化」しているわけですから。

グーグルのランク付けによって再編される「言語」は、イングリッシュをもじって、これをグーグリッシュ（Googlish）と揶揄《やゆ》されたりします。インターネットで使われる言葉は、アングロサクソンが設定した言語が基本となっているので英語である、あるいは元は英語である可能性が非常に高い。日本語はもちろんのこと、フランス語・ドイツ語など他の言語は価値の低い検索語として隅に追いやられ、経済的な価値の低い言葉と扱われかねないわけです。

人間の精神活動の基礎となる言葉が、情報の流れと結び付き、グローバル企業の資金の流れとも連動している。いまの世界はそういう状況になってきているというわけです（図４－10）。

みながよく使う言葉やその組合せ、あるいは映像の組合せのランクが上がっていくにつれて、それらの経済的価値が高まり、言葉やイメージが価値を担うようになる。つまり情報を通して、経済的価値の変動相場と文化活動とがダイレクトにリンクするようになる。言葉遣いがそのまま、言葉の経済的価値を決定する、言語資本主義時代になったわけです。それに伴って、AdWordsのように言葉にかかわる知的所有権が設定されさえするようになっています。

これまで、文化・言葉・知識などは産業経済と直接接点を持たなかったのですが、そういったものがすべてお金の問題とリンクするようになってしまったのです。

†アルゴリズム型統治

これは、ジョージ・オーウェルの『一九八四年』に出てくるビッグ・ブラザー（作中の全体主義国家に君臨する独裁者）とはちょっと違ったタイプの支配です。ビッグ・ブラザーは、国民を常に監視していました。

デジタル・メディアの場合にはそういう人称的な管理者が存在するのではなく、単にデータが変動し流通するだけで、人びとの行動が原理的にコントロールされていく。誰も監視してないけれど、結果的にはすべての人が監視され行動がトレースされていて、なおかつ集団的にレギュレート（規制化）されている。グーグルは個々人のメールを開けて内容を見ているわけではないけれども、そこには全体的にレギュレートされていく回路が働いている。

このような状態を、哲学者のジル・ドゥールーズの用語で「制御《コントロール》社会」と言ったりもします。つまり、情報の流れによって、知らず知らずのうちに自動的にレギュレートされていくような社会です。フランスの大学の落書きには、「制御社会よりはカオスのほうがましだ」と書いてあったりする。「情報化社会」というどこか生きづらい世界が、真綿で首を絞めるように我々を包囲しつつある。このような状態を「アルゴリズム型統治」とも呼びます。ビッグ・ブラザーの支配ではないが、人工知能のプログラムでレギュレートされて、人びとの行動はすべて情報がトレースされて方向付けられていくという、原理的には自由というものが存在しない社会です。

†デジタル化時代の消費

デジタル革命の後では、欲望のつくり方も変わります。アナログ革命がもたらした文化産業の時代には、フォーディズムとハリウッドの組合せで、大衆にT型フォードを所有する平均的な中産階級家庭のようなアメリカン・ドリームが与えられました。そこでは生産と消費が循環し、また、労働の時間と余暇の時間もサイクルをつくる。アドルノたちが言っていたように、ラジオだとコミュニケーションが民主化されるけれど、人びとは受動的な受け手のポジションに置かれるようになった。

しかしデジタル時代の消費は、それとはまったくモデルが違っています。

インターネットは人びとが自分自身の端末を持ち、それにアクセスすることによって初めてコミュニケーションの輪に入れるというインタラクティヴなシステムです。クリックするにしても音声入力にしても、何らかのアクションをしないとコミュニケーションの中に入れない。

そして、クリックすると、あなたの足跡《ログ》がサーバーに残る。そうすると、あなたの検索履歴が徐々にサーバー上に蓄積されていきますから、「あなたは以前こういうものを買っているから、あれも欲しいでしょう」というようなマーケティングが可能となる。たとえばアマゾン・リコメンドがそうです。たとえば本であれば「筑摩の本を買ったんだから、岩波も買うかもしれない」とか、「何歳だからこれに興味があるだろう」とか。そうやってピンポイントで広告を打つことができる。

ヤフーにもそういう機能がありますよね。同じヤフーを見ていても、個々に合わせてパーソナライズされた広告が出るようになっている。つまり検索履歴を追うことによって一人ひとりの消費傾向を読み、細かくセグメント化された顧客にたいしてピンポイントで広告を打つようになります。

†アルゴリズム型消費

ネットをとおしてあなたの履歴が特定の企業のサイトに蓄積されていけばいくほど、あなたの顧客としての「プロフィール」は明確になり、一種の「化身〈アヴァター〉」が当該サイトのうえで育っていきます。そうすると、あなたの顧客としてプロフィールはまるで遺伝子のように「解読」されて、購買行動がアルゴリズム化されて、あなたの消費をガイドするようになります。

あなたを細かくケアするサービスを提供するべく、毎週メールで案内が送られてくるようになります。例えば、通販サイトに登録して買い物をしていれば、あなたの年齢・性別・サイズ等々から始まってあらゆる履歴が登録され蓄積されていくでしょう。そこから企業は顧客についての様々な有益な情報を引き出すことができます。例えば、ユニクロのように細かくカテゴリー化された衣料商品が季節に合わせてきめ細かくリリースされ、毎週ネットチラシが配布されて、顧客としてのニーズに細やかに応えることができるようになります。廉価で機能的で使い捨てできる商品を手軽に買い替えさせるようにして、継続的に個別にケアすることができるようになります。アナログ時代の消費のように、顧客の平均像が問題なのではなくて、顧客の分布に基づいて、商品をそろえて、コンピュータのアルゴリズムに基づいて、消費をケアすることが重要となります。これを「アルゴリズム型消費」と呼ぶことができます。

†人間を微分する

コンピュータの思想的発明者であると私が繰り返し述べてきたライプニッツは、高校の教科書などでも、ニュートンと並んで「微分積分学」を確立した人物として名前を知られていると思います。

微分は「解析（analysis）」とも呼ばれて（厳密にいえば、微積分学は解析学の一部）、analysis はギリシャ語源で複合的にまとまったものを単純な要素に解くことです。ライプニッツが発明したコンピュータは微積分のための装置なのです。

コンピュータを原理とするネットの社会的功罪については、いろいろなことが言われていますが、とくに、社会的なクラスター化がよく指摘されてます。おなじような意見を持つ人たちだけのグループが無数に形成されて極端な主張を持つグループ（ヘイトグループ）が形成されやすいこと。社会が細分化・分極化していく傾向が問題視されています。

ライプニッツの微積分に照らしてみれば、私はこれは、ネットが社会を微分していく作用を働かせているからだと見ています。

人間のまとまった集団をネットというコミュニケーション空間が仕分けする場合、0と1にかき分けていく微分の原理が働きます。例えば、あなたが、ネットを使って、自分の情報行動を行うとして、次々と選択をしていったとすると、それをコンピュータの情報処理の原理の方では、0と1でかき分けていく。例えば、まず男女の区別で分け、さらに年をとっている女と若い女に分けるというように、あなたという人間は複合的な情報の束ですが、それを0と1の数字列にどんどん還元していく。

コンピュータはそうした微分による処理を進めるわけですが、人間の方は、自分が微分されていることになかなか気づかない。コンピュータはアルゴリズムで、自動的に仕分けをしていく。たとえば、まず「AとBでは、どちらの考えを選びますか」という設問で振り分ける。Aを選んでしばらく行くと、今度は「CとD、どちらが好みですか」という設問で振り分ける。そのように幾つもの枝問を解いていくと、あなたはネットの情報空間のなかで、仕分けされていきます。

例えば、そのようなネットの仕分け空間を考えるために、「2ちゃんねる」のような巨大サイトを考えてみましょう。

2ちゃんねるには様々なトピックをめぐって無数のカテゴリーのスレッドが並んでいま

すね。人びとの意見・趣味などに基づいて「微分」していくといろんなスレッドを立てることができるわけで、ネットユーザーは自分の関心・嗜好に応じてあちこちのスレッドを訪れることになる。

繰り返しますがネット空間には自分をどこかに記入してその中に入らないとコミュニケートできませんから、そのコミュニケーションのどこかにポジショニングして読んだり書いたりをしなければなりません。

そのコミュニケーション行動が、コンピュータの微分の原理によってソートされ、あなたは意見・趣味の合う人たちの方へと篩《ふる》い分けられて、あなたに近い括《くく》りへと送られていくことになる。コンピュータのメカニズム自体は価値に関与せず、意図をもつわけではないにしても、そうやって人々の特徴や価値観が、仕分けられ、共通特徴にもとづいた集団として仕分けられた人間の方がクラスター化していく。そのような微分の原理が働いているコミュニケーション空間では、共通の趣味・意見を持つ人にだけ出会う傾向が生まれる。そこでは決して、まったく特徴が一致しない相手に出会うことはない。

例えば、フランスでは出会い系サイトも、右翼だけで会いましょうとか、左翼だけで会いましょう、というように分かれていて棲み分けられる設定になったサイトの例さえ報告されています。ネットのコミュニケーションにおいては、人びとは他者にたいして非寛容で、アイデンティティや主張や趣味を異にする他者に対する不寛容が拡大したり、極端な考えのもとにグループが過熱したりする傾向が指摘されています。ネットの「エコーチェンバー（共鳴箱）」効果とか呼ばれます。ライプニッツ的にいえば、これらは、ネットが人間を「微分」していることの効果だということになります。

少なくともそういう原理によって人間の意識が生み出されていることを我々は知っておくべきですし、それを相対化するような回路を社会の中に作っていかなければなりません。それは、次章以降でお話しする、「精神のエコロジー」の問題なのですが、先取りしていえば、やはり、ライプニッツに基づいて、ネットを「微分」ばかりの作用ではなくて、「積分」の作用が働く場としていかに活用していくか、私たちがデジタル・メディアの時代を生きる情報環境をいかに総合的（＝積分的）プラットフォームとして作っていくのか、という大事な問題でもあるのです。

IDÉES

«Le capitalisme entraîne une crise de l'attention»

Par Marie Lechner et Anastasia Vécrin — 26 septembre 2014 à 18:56

PARTAGER TWEE

Élèves d'école primaire lors d'un cours sur l'addiction aux smartphones, en Corée du Sud. Photo : JUNG YEON-JE.AFP

Internet, SMS, réseaux sociaux : la concentration est devenue, comme l'eau, un bien rare. Professeur de littérature, Yves Citton considère qu'il est nécessaire d'envisager une «écologie attentionnelle».

第５章

「注意力の経済」と「精神のエコロジー」

フランス・リベラシオン紙のweb版記事「資本主義は注意力の危機を招く」

二〇世紀にはメディアが人間の生活を書き換えていき、それが文明の大きな変化をもたらしました。私は基本的に、メディアとはすなわちテクノロジーの文字の問題であると考えています。文字を読み書きするという技術が、機械によって担われるテクノロジーの文字になった。機械は産業化を可能にします。メディア・テクノロジーをベースにした産業が現在の人間の文明、そして精神生活に大きな影響を及ぼしていますが、この現象について考えることがすなわち、メディアのエコロジー問題を考えるということです。

産業では、何らかの資源を使って物をつくる。ではメディアという産業はいったい何を原料にし、何をつくりだしているのか。産業社会は二〇世紀を通して自然の破壊や資源の枯渇、公害などの環境問題を経験してきた。それと同様に、メディア産業にも人間の精神にとっての環境問題が付きまとう。これを、意味・意識のエコロジー問題、「精神のエコロジー」問題と呼ぼうと思います。この章ではこのエコロジーの問題について考えてみたいと思います。

†注意力の経済

一九七八年にノーベル経済学賞を受賞した、ハーバート・サイモン（一九一六―二〇〇一）という人工知能・認知科学のパイオニアがいます。かれは「注意力の経済（attention economy)」という重要な概念を提起して次のように書いています。

「情報が溢れた世界において、情報の豊富さは何か別なものの欠乏を意味する。情報は受け手の注意力を消費する。受け手の注意力に働きかけることにより、情報は価値を持つ。情報のサプライヤーにとって、受け手の注意力は奪い合うべき資源である。彼らは競って、その受け手の注意力に向けて情報を発信する」。

情報が氾濫すれば、情報の価値を生み出している何かが稀少になる。その稀少資源とは、情報の受け手の注意力、意識、時間であると言うわけです。

しばしば「意識は時間の関数だ」と言われます。時間に比例して意識が成立するという意味です。いくら寝ずに頑張ったところで、人間は一日二四時間しか持つことができない。メディアはその時間にたいして働きかける。そうすると当然、注意力の奪い合いになるわけです。

少しでも視聴率を上げるために、テレビは我々に向かって注意力を喚起する。注意力が意識の入り口だからです。しかし、ハイパー・テキストをプロトコルとする、デジタル・メディアのコミュニケーションが大きく発達したことにより、人間の注意力をめぐる競争が爆発的に激化しているわけです。ネットのおかげで、我々のメディア生活はどんどんマルチタスクになっている。パソコンの画面はハイパーリンクされていますので、いろんなところにリンクが貼られている。それらのリンクは「今読んでいるページから、私のページに来てください」としきりに私たちに呼びかけている。

テレビならチャンネルを変えるという選択肢だけですが、ネットの出現により、パソコンで文書をつくりながら、メールに答え、ヤフーでニュースを知り、そこからリンクされているYouTubeを見て、アマゾンに書籍の注文を入れるというように、いちどに複数の異なる作業をマルチタスクで行うということが一般化すると、人びとの注意力はさらに分散・断片化されていきます。ますます激しく奪い合われる稀少資源となるわけです。至るところで、ネットに接続している私たちを取り囲んで注意を惹くための競争が行われるようになります。

例えば、アイトラッカーというのは視線の動きを記録し分析するための装置ですが、アイトラッカーのような装置を使って視線の動きの分析によってウェブサイト上の広告料を決定する。実際にヤフー、グーグルなどの検索ポータルでも、画面の部分によって広告料が異なる。たとえば、画面の左上の部分は、みんながよく見るところなので、広告料が高いとか、右下の部分にはあまり目が行かないから、広告料が安い。人間の注意力には法則性がありますから、それに基づいて広告料も変わります。

注意力を喚起するテクノロジーは、私たちの日常的な情報生活の至るところに配備されています。広告というのはたいてい「私のことを見てください」と、人びとの注意を惹きつけることがそのままメッセージになっています。起きて何かに注意を払っている時間をめぐっての競争そのものが、産業の原理になっていくわけです。

†「ハイパー・アテンション」状態の脳

じっさい私たちはパソコンやスマホに向かっている時、画面をよぎっていくさまざまな情報に注意を払っている。そういうマルチタスク的注意に慣れるにつれて、ひとつのことに集中してじっくり取り組み集中する注意をつくる精神の働きが担保されにくくなる。とりわけ子どもたちにとって、これは非常に深刻なリスクになる。「ハイパー・アテンション（過剰注意）」という「注意力不全」状態に陥るからです。

実際に私たちのパソコンやスマホには、仕事をしていてもメールがどんどん割り込んでくるし、いろいろなニュースがポップアップで出てくる。そのようにして、人びとの時間にどんどん情報が割り込んでくる。

意識や意味は私の理論では記号からつくられると理解するのですが、その記号は脳の神経活動をベースにしている。脳がさまざまな刺激の信号を受け取ることにより、記号が働き意識が生み出されていく。たとえば動画を見ると「動画を見ている」という意識が生まれる。目をつぶってしまえば話は別ですが、一瞬でも動画を見れば「運動を見ている」意識が生まれてしまう。あるいは音楽を聴くと「音楽を聴いている」意識が生まれてしまう。これを防ぐ手立てはない。この「見えてしまう」「聴こえてしまう」ということこそが、二〇世紀以降のメディアの問題なのです。

フッサールによれば、ここでは意識の「受動的総合」が起こっている。レコードや映画のように、それ自体が時間性を帯びている対象（映像・音楽）のことを彼は「時間対象」と呼びます。その時間対象を見たり聴いたりすることによって、時間対象の流れとシンクロして意識が受動的に生み出される――「総合」される――わけです。「能動的総合」（「私が意識する」という「私」の意識が成立して意識をコントロールしている状態）の前段階として、この受動的総合という段階がある。メディアはそういった意識の成立メカニズムに基づいて人びとに働きかける。そこでは見る意識・聴く意識が、私という人称をもった意識が介在するより以前に生み出されていきます。

時間対象をメディアとする社会のなかで、私たちの意識は、刻々と大量に生み出されている。

宇多田ヒカルのデビュー曲「Automatic」に、次のような歌詞があります。「It's automatic／アクセスしてみると 映る computer screen の中／チカチカしてる文字 手をあててみると／I feel so warm」。スクリーンの文字はただ物理的にチカチカしているわけですが、人びとはその現象（刺激）を受け取り、脳の回路を経て恋人のぬくもりの感覚へと変えていく。こういった作用はあらゆるところで働いていて、いまでは人の声をサンプリングし、機械でマトリクス化していろんなかたちに変形することもできる。人ではなく機械が歌う「初音ミク」のようなヴォーカロイドはその一例で、いまやヒットソングの中でかなりのウェイトを占めるまでになっている。

メディアが注意力の経済を突き動かし、人びとの生活はますますマルチタスクになり、ますます分散していく。ハイパー・アテンション（超注意）というと「非常に一生懸命」という意味だと思う人もいるかもしれませんが、これはあちこちにアテンションが分散した状態に慣れてしまうことを意味します。それが癖になっていった場合、人間に良からぬ影響を及ぼす恐れがある。じっさい、私たちはデジタル・メディアに慣れすぎて、ヒマさえあればスマホを取り出してメールが来てないか、新しいニュースがないか、チェックしなければならないという強迫観念に囚われてしまっていませんか。それって、すでにアディクション（中毒）です。

ならばそろそろ、デジタル・メディア上に溢れる情報の流れを各人が自らコントロールしていくべきです。つまり、私たちは、ここでもう一度、意識の自由を取り戻さねばならないのです。

†ヒトの情報処理能力の限界

幼児の言葉の獲得がそうであるように、人間の精神活動のかなりの部分は後天的に形成されていく。これは脳の中でニューロンが組織化されていくシナプス形成の過程と言います。しばしば脳の可塑性ということが言われますが、たとえば見るという活動に深い造詣を持つ人の場合、脳がそれに応じて見る活動をサポートする構造を持つようになる。ピアノを演奏する演奏家の脳もそれに関連する部分が発達する。文字を読めるようになるには、文字を扱える中枢が後天的に発達する必要があります。つまり、脳がそういうシナプス形成を行うわけですね。万が一大きなけがを負って文字を読むための中枢を失ったとしても、脳には可塑性があるので、訓練して別のところに中枢の機能を移せばまた字が読めるようになったり、聞き取れるようになったりすると言われています。もちろん障害の程度にもよるのでしょうが。

そのように脳には適応力があるわけではありますが、しかし、脳の情報処理能力には、生物的な制約と限界が存在しています。人間の精神活動に向けられる記憶量や情報処理のスピードには限界があり、それを超えたら、私たちの脳は対応することができない。つまり意味を読み取る・聞き取る・見て取ることができなくなるわけです。

私たちが見たり聞いたりしているメディアはまさに、その処理能力の限界に設定されている。すでにお話ししました、動画の毎秒三〇フレームは見えないから見える。メディアはそこをしっかりと握り、人間の注意力・時間を捕捉すべくさまざまな刺激を送りこんできているわけです。

そして今や、メディアが四六時中私たちに付いて歩いている。たとえば、電車に乗っている人のほとんどがスマホをいじっているでしょう。そうすると、私たちの生活一般がハイパー・アテンション状態に置かれていっている。

†意味のエコロジー

そこで問題にしたいのが意味と意識のエコロジーです。

私たちが捉えきれないほどの情報が氾濫し、また日々蓄積されていくわけですが、このことを私たち自身が捉え返してすべてを処理することは難しい。そういう世界を生きている我々は、いかにして自らの意識・意味の生活を自律的に制御できるのか、調整していけばいいのか。これが、私が意味と意識のエコロジーと呼んでいる問題です。

デジタル・メディア革命を捉え直し、改めて人間がイニシアティヴを取るというポジティヴな可能性はいったいあるのか。自由とはすなわち、自分できちんと統御できているということです。自分にとって最も良いかたちでメディアと付き合う。自由意志でメディアを使いこなし、生活をデザインする。それこそがメディア生活における自由だと思われます。受動的な状況に置かれている限り、メディアに対してアディクティヴ（中毒症的）な生活になっていく。そのため、自らメディアを捉え返すもうひとつの回路をつくっていく必要があるのです。

人間の意識（精神活動）は有限資源だというわけですから、それをきちんと担保できるサステイナブル（持続可能）な生活に変えていく。サステイナブルな精神生活とは何かということをきちんと把握したうえで、情報を自らコントロールしていく能力を養っていく。何が適切な情報であるかを自ら判断し、コントロールできるようなフィードバックの回路をつくる。各人がそういうプロセスを持つ必要があるのです（ここで、次章で紹介するウルリッヒ・ベックなどが言っているような再帰性の問題が生じてきます）。

とはいえ、これはなかなか難しい問題です。テクノロジーの文字（機械が書く文字）は人間が読めないことによって、人間の意識をつくりだしている。では、人間が読めないものをどのようにコントロールするのか。また、どうすれば我々がそれを読み取ることができるのか。つまりここでは、メディアを通して私たちの意識をコントロールしている「コントロール（制御）社会」を、私たち自身がコントロールする必要が生じてくるわけです。

人間は意味する動物であり、その中でさまざまな記号生活を送っている。メディアはその記号生活の環境をつくっているわけですが、「意味のエコロジー」というもうひとつのエコロジー問題を考えようではないかと、私は一〇年ほど前から考え始めました。各人がそれぞれメディアの生態系をつくり、自分の環境をデザインする。人びとも社会も、そういうリテラシーを自覚的に育てるべきではないかと。

†メディアの気持ちになる

私は常々、メディアのことを考える時には、まず「メディアの気持ちになる」ことを勧めています。これは一種の逆説的な思考のトレーニングです。私たちが「人間の気持ち」でメディアを理解しようとしていると、なかなかメディアの本質を理解することができない。例えば、アナログ・メディアのテクノロジーの文字の話をした第2章でとりあげた、写真にしても、人間の気持ちで写真を見ているかぎり、写真に写された思い出の光景ばかりを考えてしまって、「そのとき君はその光景を視ていなかったよね」というカメラの気持ち《﹅》が分かりません。そして、アナログ・メディアの「技術的無意識」の問いを見失ってしまう。電話でのコミュニケーションにしても、私たちは通話の相手と話していると思っていますが、電話の気持ちになると、じつは、受話器に話しかけ、受話器から話しかけられていることを忘れています。さらにまた、ケータイやモバイルメディアというのは、電話の自己解放に他ならない。従来のさまざまな制約から解き放たれた結果、電話は人に付いて歩くことができるようになったし、あらゆる場面にも密着して移動することもできるようになった。そのとき、電話はひとりひとりの人と同じような存在に近づいたことになります。これも、ユーザーとしての人の気持ちではなく、電話の気持ちになることによって、電話の「理想化」という事態の意味をはっきりと考えられるようになる。

これらは、メディア・テクノロジーを意識しないで生活している現代人が、自分たちの「技術的無意識」を意識にのぼらせることができるようになるために、難しい言葉を使えば、メディアを「異化」する、思考トレーニングです。

†メディア・リテラシーの課題

エコロジーの問題に引き付けてみると、メディアがつくる「意味の生態系」が見えてきます。また、それぞれ異なる生態系を持つ人について考察・分析することにより、個々人の置かれている状況をある程度理解することができるようになります。我々は日頃、テレビやパソコン、スマホなどからさまざまなコンテンツを受け取っています。

たとえば市販されている食品であれば、原材料がきちんと明記されていますよね。ところがメディア・コンテンツにかんしてはそういった原材料（成分）が明記されていないため、我々はただそれを受け取るしかない。ここで原材料が書かれていないのは、メディアを分析するための知が足りないからです。このメディアの知を提供するのが、私たちの記号論のような学問の役割ですが、本来であれば個々のコンテンツについて成分を明記し、それがきちんと人々にインフォームされているべきだと思うんですが、現実にはまだそこまで至っていない。

我々はメディア・コンテンツを構成するさまざまな成分について、もっと意識的になる必要がある。それが及ぼす影響について、いろんなアセスメント（査定）をやるべきだ。社会にはそういった知が圧倒的に欠乏している。しかし、強調してきたように、これは人間の生死にかかわるヴァイタルな問題です。まず、そのような状況を捉え返し、理解する必要があります。そして自分で環境をデザインしたり、組合せを考えたりできるような判断力を養うべきです。

具体的にどういう手段があるのか。これにかんして私は、通常いわれるように、メディア・リテラシー教育を進めよう、という主張とは少しだけ違うスタンスを取っています。メディア・リテラシーの主張は、往々にして、適切な教育によってメディアを活用する知識があれば人びとは、人にやさしいメディアの生態系をつくれると考える傾向があるように思います。また、人びとの生活を皆で考えて自覚的になりデザインして設計していけば状況を変えることができるだろうと考えています。つまりこれは、社会的なプラクティス（実践）で対応しようとする考え方です。

これにはもちろん私も概ね賛成ですし、以下に述べますように、非常に重要な実践であるとまったくポジティヴなのですが、しかし、それだけでは足りない部分があるように思うのです。

それは、テクノロジーの文字と技術的無意識の問題をクリアできない限り、状況は変わらないと思えるからです。いくら知識を持っていたとしても、ひとたび動画を見れば「見ている」という意識が生まれるというメカニズムが働いてしまう。音声を聞くと「聞いている」という意識が生まれてしまう。これらの事実は、テクノロジーの文字をそもそも人間が読めないという現実によって生じているわけです。私たちがテクノロジーの文字を読むことができない限り、この認知的ギャップを解消することはできない。生身の人間がいくら訓練したところで、一秒二四コマ流れる映画が、一コマ一コマ見えるようにはならない。相手は機械で、それを訓練で読めるようにしようとしても、それは、古いまがまがしいたとえでいえば、竹槍でB29爆撃機を落とそうとするようなものです。

テクノロジーの問題を克服するには、テクノロジーの文字を書き取り、読むことができる装置をつくる必要がある。それには、テクノロジーの文字を使う。テクノロジーを使って、捉え返しのフィードバックを行えるための回路をつくる。物騒な比喩で恐縮ですが、高度の高いところを高スピードで飛ぶB29を撃ち落とすためにはミサイルが必要なのと同様に、私たちもまたテクノロジーの文字に立ち向かうために、テクノロジー・ベースのリテラシー（文字能力）を持つべきなのです。

†テクノロジーの文字の「クリティーク」は可能か

それでは、そのテクノロジーの文字を読むリテラシーのための回路はどうすればつくることができるのか。

アナログ・メディアの時代には、ハリウッド映画やテレビ局のような文化産業が人間の意識を大量生産していたわけですが、視聴する大衆の側にはコンテンツを捉え返してチェックを入れることができませんでした。人びとはフィルム撮影する夢の工場を持っていないし、そのプロセスに関与することもできない。映画館で見ているだけでは、どこでカット割りが行われているのかを明確に捉えることはできない。アナログ・ビデオテープの登場によって初めて、巻き戻したり一時停止したりしながら映画を見ることができるようになったわけですが、それだけでは状況をそれほど変化させなかった。

ところがいまでは、ｉＰｈｏｎｅのようなたった一台のスマートフォンが昔のハリウッドの映画撮影所やテレビ局に匹敵するような能力さえ持っている。また、人間の目では一コマずつチェックすることはできないけれども、コンピュータならそれができる。コンピュータを認識の契機として活用することによって、ユーザー・サイドにもテクノロジーの文字を読み解き、クリティーク（批評）できる可能性が生まれたわけです。

クリティークというのはもともと、文字によって行われるものですね。たとえば文芸批評であれば、書かれた文字（テキスト）にたいしてメタな文字（注釈テキスト）をつける。しかしアナログ・メディアの時代には、そのクリティークができなかった。しかしいまは、映像の解析ソフトをインストールしたコンピュータにテレビ番組や映画のビデオを取り込むと、カット割りがたちどころに検出されてサムネイルが出てくる。

例えば、ＴＶコマーシャルの時間は日本の場合、一五秒単位で売られていますから、ＴＶコマーシャルの尺は一五秒×一か一五秒×二の長さです。一五秒であれば、カット割りはだいたい四か五ぐらいです。その程度であれば、ちょっと訓練すれば、生身の人間でも、カット割りを分析しながらコマーシャルを見ることができます。これは一種のメディア・リテラシーの訓練です。一五秒であればワーキング・メモリーの範囲内なので、そういう研究をしている私の研究室の学生たちのように日頃から訓練していれば、CMについて、何回か視聴しただけで、このCMは何カットだったね、どのような繋ぎの構成だった、とか、カメラワークはどういう手法が使われていたとか、ある程度の批評が、テクノロジーを使わないでもできるようになります。

しかし、これが映画作品やテレビ番組のように、一時間、二時間という長さになるとさすがに生身の人間だけで、カット割りや編集、映像文法を分析することは難しくなってくるわけですが、コンピュータを使えばそれらがたちどころに抽出されるようになってきました。

そこで射程に入ってきたのが、メディアが意識を生み出していくプロセスを捉え返す回路を、やはりメディア（コンピュータ）を使ってつくっていく。これはメディアを認識するためのメディア・リサイクルの回路をつくることです。

文献批判や文学批評のような、文字による批評は、文字で書かれたものを文字で批評するという回路をつくっています。このテーマは、次章で扱う「メディアの再帰性」の問題に行き着くのですが、メディアに対してリフレクシヴ（反省的）になる認識の回路を作るという、テクノロジーの文字のクリティークの可能性が見えてきます。

†ニコ動は批評か?

デジタル・メディアのテクノロジーの文字によるエコロジーが問題だからこそ、コンピュータによって認識のモーメントを捉え返す回路をつくっていくことが必要で、そういうクリティカルなテクノロジーの活用法を、みんなでシェアしていくべきなのです。

現在のメディア環境においても、それは部分的にはできています。たとえば、テレビ放送の番組が切り取られて、YouTubeやニコニコ動画に投稿されて、批評的なコメントがつけられていたりすることがありますね。

多くは煽ったり、攻撃的だったりするコメントで、ニコニコ動画などだと、「キター」とか、書かれている内容はえげつなかったりして、私などにとっては、相当程度品のないとしか思えないコメントが映像とともに流れていく。これを批評ととらえることには皆さんも疑問があるかもしれない。確かに、罵詈雑言《ばりぞうごん》や感覚的リアクションに近く、言説としての批評の条件は満たしていない。しかし、私は、ニコ動は動画のリアルタイム批評の出発点だと思っています。「ここはイイね」みたいな反応は非常に迅速かつ鋭い。動画にアノテーション(注釈)をじかにつけられるという意味では、これは、文書テキストに注釈をつける文芸批評と似たような実践という側面を持っています。つまり、批評すべき元のテキストに対して、そのテキストを対象として批評する言語を「メタ言語」といいますが、「動画」という「メディア・テキスト」を批評する一種のメタ言語がそこには成立しているわけです。

これはアノテーションをつけるというメディアの捉え返しの活動の始まりです。ただし、それが批評の言説になるためには、いまのようにユーザーの好き勝手な書き込みをそのまま流す状態ではなく、整理して練り上げていくプロセスが必要です。感想だけ言い合って盛り上がっているだけでは、対象に対して正当な評価を下せないのは、文芸批評だってニコ動だって同じです。

†目には目を、デジタルにはデジタルを

どんな方法であれ、メディアを捉え返す回路をつくるということをしないと、意識が生み出されるプロセスをつかまえることができない。そういうリフレクシヴな回路をつくることによって、いままでの受け身だった状況が変わってくるのです。

テクノロジーの文字にたいするメタな回路をつくれば、クリティークができるようになってくる。意識がつくられるプロセスを捉え返すことができれば、おのずと価値についての議論が生まれてくる。そうすればメディア文化は、より一層成熟していくはずです。そのようなクリティークの条件を考えることこそが、私が自分の研究室で取り組んできた情報記号論研究の目的なのです。ライプニッツに戻るとは、コンピュータという情報技術の成立を認識のモーメントとして捉え返すことを意味する。これによって人間は、いままでとは違った音声やイメージとの関係をつくることができる。

テクノロジーを使ってメディアを読み解く回路の一例として、「テレビ分析の〈知恵の樹〉」というシステムをつくりました。

そこには、まず、メディア作品のクリティークの問題があります。文学作品のクリティークをテキスト・クリティークと呼びますが、映画やテレビやネット動画などのメディア・コンテンツのクリティークは、メディア・テキストのクリティークです。

たとえば映画評論というのはジャンルとしてすでに確立されているわけですが、私にしてみれば、これはまだ印象批評に留まっている。なぜならそれは、ある映画を見て「あそこの場面、良かったね」みたいなことを言っているだけのように見えます。もちろん数多くの映画を見ていて、鋭い感覚で達意の評論を書ける才能の人はいます。印象批評であっても良い批評は生まれるわけですが。文芸批評における小林秀雄のような存在とか、映画批評における蓮實重彥といった巨人がいるわけですが、それ以前に、そうした批評活動のベースとしての、批評のためのテクノロジーの回路をつくる必要があると思うわけです。

†真のクリティークを目指して

私の研究室では、一九九〇年代末にテレビ番組の分析を目標にして、この研究を始めました。人間は、テレビの一秒三〇フレームを捉えることができない。だから動いて見えるわけです。しかしその頃すでに、パソコンに動画を取り込むことは容易にできるようになっていました。編集ソフトのようなものを逆用して使えば自動的にカット割りを出すことも可能となり、そのような働きをするソフトウェアも当時開発されていた。

私たちはフランスのポンピドゥー・センターのＩＲＩ研究所とコラボして、「テレビ分析の〈知恵の樹〉」を組み込んだ Critical PLATEAU という、動画を分析するクリティークのためのプラットフォームをつくりました（図５－１）。テレビ番組や映像ビデオやネット上の動画をキャプチャーしてこのプラットフォームに乗せると、カット割りがサムネイル入りですべて出てくる。つまり「このカットは一四四〇分の四〇〇番目である」というようなことを自動的に出すわけです。カメラの数、切り替えのタイミング、登場人物の数などといった基礎的なデータが自動的に割り出されるため、「この部分を見た時にこう感じるのは、かくかくしかじかの構成になっているからだ」ということが分かり、動画のセグメントに注釈をつけることができる。このプラットフォームは、テレビ番組の制作方法をバラして見せてくれるわけです。そして、これに、分析のための知識を集めた理論事典をモジュールとして付ける。さらに、知識を共有するための共有環境をつくって共同研究する。そこで初めて、メディア・テキストのクリティークが可能となります。

テキストを引用して「ここはこう書いてあるでしょう」と指摘しなければ本当の意味での文芸批評が成り立たないのと同様に、「このメディア・テキスト（テレビ番組）はこういう構成になっているでしょう。この部分はこういうレトリックでできているから、こういう効果を持つんだよね」などと分析できるようなテンプレートが必要なんです。そういった原理でテレビCMなどを分析できるシステムをつくったことにより、人間の技術的無意識を利用していたメディアを批評の射程内に収めることが可能となった。これはすなわち、飛行機を撃ち落とすミサイルを持つということに等しい。ここで、動画をテクノロジーによってクリティークするという可能性が見えてくる。これは言わば、「意味のエコロジー」の具体的実践です。

デジタル革命により、現在では人びとが手軽にクリティークの武器を手にすることができるようになった。これを使わない手はない。書き取り装置として、さらには私たちのための知のツールとしてコンピュータを使う。これにより、文化産業が送り出してくるもの

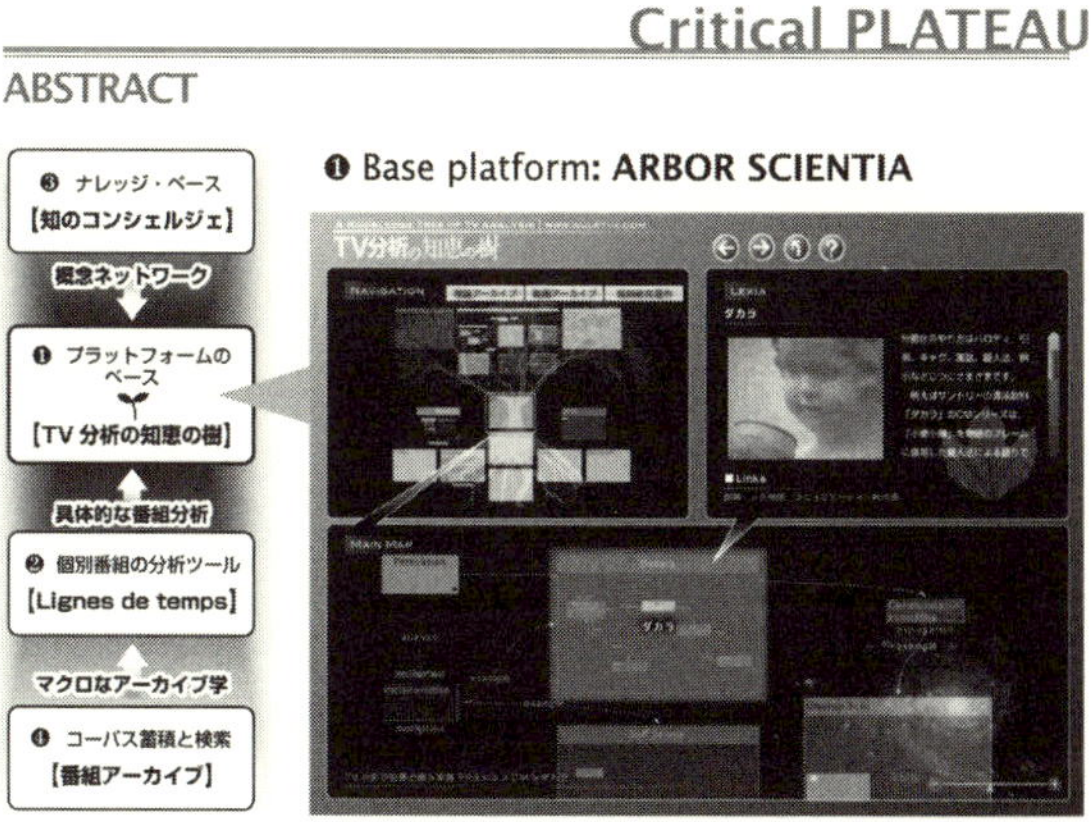

図5-1　批評プラットフォーム「テレビ分析の〈知恵の樹〉」Critical PLATEAU（石田英敬研究室）

にクリティークのフィルターをかけることが可能となる。そうでなければ、人は生身のまま文化産業のプロダクトを浴びるという無防備な状態から抜け出すことができない。ですからまずは、そうした基本的な書き取り技術を身につける。これはすなわち、テクノロジーの文字を書けるようになるということですよね。

　こうしたコンテンツ分析のための批評環境と知識ベースをつくったうえでメディア・リテラシーの実践と結びつこうというわけなのです。さきほども言いましたように、ひと昔まえの映画産業やテレビ局しかもっていなかった機能をそろえたスマートフォンやデジタルデバイスをいまでは誰もが持ち歩いているのですから、こんどは、そうしたツールを使って、コンテンツを自分たちでつくり、それを共有する実践はどうあるべきか、というような、つくることで、メディアの実践的なリテラシーが育って行くという活動と出会えるはずなのです。

だから、私たちの研究は、メディア・リテラシーの運動に懐疑的だというのではなくて、それを補完する、分析的なパートを担当しようというわけなのです。

†わが国のデジタル・アーカイヴ事情

自分たちの手で、メディアを分析しうる環境を手作りできるようになった。知識も次第にそろえられるようになってきた。自分たちの手でメディア・コンテンツを制作して、共有して高め合うことができるような実践も組織できるようになってきた。そのようなときに、次に考えるべき事は何でしょうか？

それは、いままでどんな映画やどんなテレビ番組が上映・放送されてきたのかを知り、その歴史と文化的蓄積を十分に活用できるようになることです。いま社会に流通している新刊本や雑誌だけで文学作品を知るだけでなく過去の作品も読まないと文学は分からないし、良い作品だって創作できないのと同じです。

そのとき、これまでの著作を収めて閲覧に供している図書館と同じ役割を求められるのが視聴覚アーカイヴです。基本的にデジタル技術を基盤として運用されますから、それはデジタル・アーカイヴというかたちをとるようになります。

国として音声・映像にかんする公共的アーカイヴスを持っていて、なおかつ最も公開度が高いのはフランスとハンガリーです。本の法定納入制度をご存知ですよね。日本では全ての書籍刊行物は国立国会図書館に納入されます。フランスでは一六世紀、フランソワ一世の時代から、国内で刊行されたすべての書物は、現在のフランスで言う、国立図書館La Bibliothèque Nationale de France に納めるという制度がありました。最初は王権による検閲の制度として始まったんですが、そのために、フランスでは古くから出版物が公的機関によって保存されてきました。その制度が映画やレコード、テレビやラジオ番組のような視聴覚資料にまで拡大されて民放をふくめてすべて国家のアーカイヴに納入させるという法的整備が早くから進められました。ＩＮＡ（国立視聴覚院）という機関がそれです。

フランスの場合、特にテレビ局は国営放送から始まっているのでそういった音声・映像資料が集まりやすかった。ですから非常に大きなアーカイヴスが形成されていて、学術的にも非常に貢献しています。他方で日本はこの分野でも、非常に立ち遅れてます。今ではＮＨＫが埼玉県川口市にＮＨＫアーカイヴスをつくっていますが、ＮＨＫの番組だけが対象ですし権利処理に時間がかかっている。すべてをデジタル化して公開できるようになるまでには一〇〇〇年以上かかるとさえ言われています。

アメリカの場合はフェアユースという制度がありますので、研究目的であればあらゆる音声・映像資料を自由に利用できます。大学内でやっている限り、テレビを録画して授業のために皆で共有したりするのは可能です。ところが日本の法律では、そのフェアユースさえ認められていない。ですから、私たちの研究室のような分析の研究をやるのは非常にハードルが高い。ＮＨＫの番組を研究する場合、研究機関との協力環境をつくればある程度のことができますけれど、民放はアーカイヴスの整理さえできていないお寒い状況です。

他方、いま放送されているテレビ番組は録り放題ですから、チャンネルサーバーなどが非常に発達したので二週間分ぐらいの番組を丸録りできる。データを取ること自体は非常に簡単になって、私の研究室では一カ月分ぐらい全局の番組を全部録ってますので、それぞれの番組でどの日の何時に何が行われたかを検索できます。そういう中でいろいろ研究しています。

もちろんこうした実験的な研究には、まだいろいろな問題があります。どこまで自動化できるかという問題です。たとえばＮＨＫのニュースを自動的に読み取ったり、テロップをすべて読み込んだりする技術は開発されており、民間の研究所と協力してそういう研究開発もやったことがあります。

†批評空間を構築する

アーカイヴの整備はメディア批評の必須の条件ですが、批評する側の環境自体もデジタル化していきます。

昔はシンポジウムをやっても、単に話しているのを聞いているだけでした。しかしいまはストリーミングを入れてツイッターを立て、行われているセッションについていろいろ書き込みできるようになったりしています。ポンピドゥー・センターの哲学者ベルナール・スティグレールのチームは、ポレミック・ツイート（Polemic Tweet）というソフトフェアを開発しました（図5－2）。これは単に書き込みするだけでなく、それぞれの発言について賛成・反対などといった意見を示すことができます。書き込みに集中すると、それこそ講演を聞く注意力が分散するので良し悪しですが、今行われている講演やシンポジウムに対する、同時書き込みができるわけです。

以前ニコニコ動画で中継された「メディアミックスの歴史と未来」というシンポジウムで、実験的にポレミック・ツイートをやったことがあります（二〇一四年三月一一日）。ポレミック・ツイートは、技術的にはニコニコ動画と同じです。私は、すでに言ったように、

図5－2　仏ポンピドゥー・センターIRI研究所「ポレミック・ツイート」

ニコニコ動画はある種の批評の出発点だと思っています。書かれている内容はともかく、反応は迅速で興味深い。これもまた、先ほど申し上げた批評のためのプラットフォームのひとつです。これはアノテーションをつけるという活動の始まりですから。ただし、いまのようにユーザーの好き勝手な書き込みをそのまま流すのではなく、ある程度選別・抑制していく必要があります。

ポンピドゥー・センターがつくったポレミック・ツイートはニコニコ動画よりもう少し「真面目」なシステムで、その時々のアノテーションを後で捉え返すことができる。クリティークをデジタルなベースに引き上げ、さまざまなメタデータをつけていく。動画にアノテーションをつける（メタデータをつける）という活動は、今後批評の基本になっていくだろうと思います。これはまだ始まったばかりなので、批評の言説自体が未成熟であったり、非常に情緒的であったりする。また、妥当性についての議論も十分になされていない。おそらくこの活動は、俗悪なものと良質なものとに分かれていくでしょう。そうやって分化していけば、多様かつ適確な反応が書き込まれる批評空間を構築することは不可能ではないと思います。

このように、昔はその場かぎりで完結する催しであった、講演やシンポジウムでも、デジタルベースで同時にアノテートされる（注釈される）ようになってきている。いまや、紙媒体だけで批評するわけでもない。場所それ自体を批評空間としてメディア化しうるのです。

†新しい図書館という制度をたちあげる

さらにデジタル文化を成熟させる取り組みとしてより公的で制度的な課題があります。個人でできることには限界があるので、社会の中にしかるべき機関を設ける。これはちょっと大掛かりな話になってきます。人びとのリテラシーを保証しているものとして、たとえば図書館があります。

私は最近まで、東京大学で新しい図書館をつくるプロジェクトの責任者をしていました。

学校・図書館などといった公的な機関を現代の情報産業社会のパブリック・スペース（公共空間）に対応できるよう組み替えない限り、人びとがこの世界の中で生きていくことは難しくなる一方です。ですから、情報産業社会を捉え返すことができるような公的な場所を社会の中に埋め込んでいく必要がある。

もちろん、設備だけ整えても駄目でしょう。メディアにかんして見識を持ち、なおかつ人びとの要望に対応できるような人たちを育て、世界にメディア・リテラシーを配備していく。そういった仕組みがあってはじめて、メディア文化自体も成熟していくわけです。つまり、文化を成熟させるために個人あるいは研究者が働きかけるだけでなく、社会的にもそれに対応していくプランを持つべきなのです。

ここでは、東大の新たな図書館プロジェクトを例にとって説明しましょう。

†東京大学「新図書館計画」

二〇一四年から翌年の上半期にかけて、朝日新聞に夏目漱石の『三四郎』が一〇〇年ぶりに連載されました。三四郎が通っていた旧帝国大学図書館は一九二三年の関東大震災で焼けてしまう。その後、再建されたのが現在の総合図書館です。これは世界的な富豪であったジョン・ロックフェラーJr.の寄付を受け、一九二八年に建ったのですが二〇一五年現在大工事・改築中で、その前の広場に、深さ四〇メートルの穴を掘っています。これは深層地下といって関東ローム層よりも下まで掘り、東大で一番高い一二階建てビルをその穴に入れてもてっぺんが地上に出ないぐらい深い。そこに、三〇〇万冊収容可能な自動書庫というストレージ・スペースをつくる予定です。

そこにはロボットしか行けないんですが、わずか三分で必要な本を取り出してくる。それをつくったうえで、地下一階に新しいフロアをつくるという計画です。一九二八年につくられた総合図書館はそろそろ築一〇〇年になろうとしているので、全面改修する。もちろん景観は保全しますし、最初の姿に戻す部分もあるんですが、建物計画としてもかなり大がかりなプロジェクトを進めていまして、ホームページもありますので、ご覧になってみてください。また、いろんな講演会も開催していますので、ぜひ足をお運びいただきたいと思います。

第2章にも登場した記号学者ウンベルト・エーコは「本というのはすでに最も完成した技術で、ハンマーが現在のかたちをし、車輪が円いのと同じように、これ以上進化することのない道具である」と言っています。

その本がいま電子書籍というかたちをとるようになってきた。私もエーコと同じように、本が滅んだりすることはあり得ないと確信している一人です。しかし、同時に、本が電子書籍化するとは、本がコンピュータになること、タブレットのようなコンピュータ端末をとおして、他のメディアとじかに接続するようになる変化を意味しています。

本がメディアとつながるとは、どのような本の文明のメディア化を意味しているのか。あるいは、あらたなかたちで、本がメディアの回路のなかで、再び文化の枠をまとめあげる位置を持つことになることを意味するのか。これにより本というメディア自体の位置づけも相当変わってくると思うので、そういう面では非常に重要な転換点がここにあると思うのです。

†電子書籍

デジタル革命により、電話・音響機器・テレビ・カメラなどさまざまなアナログ機器がコンピュータ化された。そのなかで、コンピュータ化されずに最後まで残っていたのが本であるという事実には考えさせられるものがあります。

ルネサンス以後、活字の書物がつくりだしてきた知識の文明圏のことをマクルーハンは「グーテンベルクの銀河系」と呼びました（『グーテンベルクの銀河系——活字人間の形成』森常治訳、みすず書房、一九八六年）。その知識文明が長きにわたって依拠していた中心装置である本がコンピュータ化される。

本のコンピュータ化をどう考えるか。これは非常に大きな問題です。

この筑摩書房のように、日本の出版社はそれぞれ、膨大な文献目録を持っている。つまり、コンテンツとして非常に貴重な財産を持っているわけですね。しかし、それらのほとんどはまだ電子書籍化されていない。いま出版されつつある本は少しずつ電子書籍化されているようですが、過去に出版された本にかんしてはほとんど手つかずのままでしょう。

ところが、アメリカの大学の図書館事情を見るとまるでちがうのです。図書予算の推移を見ると、いまや大学の図書費のうち五〇パーセント近くが電子書籍に充てられている。どんどん電子書籍の割合が増えており、紙の本は果たしてこれで大丈夫なのか心配になるぐらいです。もちろんこれには、東大でもそうですが、本の置き場に困るからなど、いろいろな事情も絡んでいます。そのために、たとえば、ニューヨークにある三つの大学は図書購入にかんして連携している。ひとつの大学はある分野では紙の本を買い、そのとき、あとの二つの大学では電子書籍を買うというように取り決めして、紙の本も電子の本もバランスをとって買うようにしています。

日本の大学でも、今後、電子書籍の活用が進んでいったら大学の図書館はどうあるべきか。そこで、東大「新図書館計画」では、「ハイブリッド図書館」構想というものを打ち出したのです。テーマは、紙の本を大切にしつつ、電子の本と結びつけて、双方を自由に往き来できる図書館をつくろうというもので、どんどん電子化が進んでいく世界の図書館事情をにらみつつ、理想の図書館をめざそうというものでした。

†電子書籍VS電子ジャーナル

大学でも、本を読まない人はたくさんいます。たとえば、（一部の）理科系の先生たちがそうです。彼らは「図書館なんか要らないよね。私たちは電子ジャーナルを読んでいるからね」などと言うわけです。電子ジャーナルというのは、有名なものでは『サイエンス』『ネイチャー』といった学術誌のウェブ版で、一つの論文の長さはだいたい一〇ページぐらいあるいはそれ以下です。そのぐらいの長さですと、パソコンで読むことはもちろん、ＰＤＦで打ち出して読むこともできる。世界の研究の最前線の成果がそこに掲載されていますから、理系の研究では、まさにそれを購読することで自分たちの研究が成り立っているわけです。

たしかに本を読み書きするなどという作業はとても長い時間が必要とされますから、そんなことをしていては第一線での研究の国際競争に勝てないというわけでしょう。それより最新の知見をライバルより早く電子ジャーナルに発表して先取権をとることが重要なわけです。

理科系の一部の先生は「図書館なんて要らない」と言うけれど、それにたいして「じゃあ、図書館を要らなくしているのは誰なの？」と反論することもできます。電子ジャーナルとの契約業務を行い、図書館にわざわざ来なくてもよいようにしているのは図書館です。じっさいに図書館職員たちの仕事の多くの部分は電子ジャーナル関連に振り向けられています。それに現在では、大学や研究機関がオープンアクセスといって、国際的に競争力のある電子ジャーナルを出そうという動きがさかんで、これに関する業務も図書館の仕事です。

電子ジャーナルでの研究活動の話に戻りますと、じっさいに、研究者のためにとても便利なサービスからできています。各分野における新しい研究をどんどんリポートしてくれる。今週の新しい論文が紹介されていて、リンクされているから、参照先論文もアクセスして読むことができる。登録しておけば、エキスパート・システムで、ジャーナルのサイトから読むべき最新論文を、ちゃんと通知してくるわけです。研究者はみなそれを読んで、自分の研究に反映させています。もちろん私もそうしたサービスを使っています。

研究媒体が、電子化するとは、だいたいそのような電子ジャーナルから拡がってきたわけですが、大学で本を読むという活動を考えた場合に、そうした媒体の延長上だけで、大学の図書館の電子書籍化の問題を考えることはできないと私は考えています。

学問と本、知識と本との関係は多様です。

学問は真理の探究であるという考えは分かりやすいものとして、広く一般に受けいれられていると思います。しかし、その真理とは何かとなると、とたんに、理解が分岐することになる。そもそも、真理の内実が異なるから学問は複数で、かつそれぞれの学問のなかにも多様な領域があるわけですし。

例えば、「真理とは思考と現実との合致である（adaequatio rei et intellectus）」というトマス・アクィナスの定式がありますね。いわゆる経験科学はこの定義に基づいており、新しい事実を発見することによって知識が更新される。

一方で、人文学のような文系の学問における知識はそれとは少し違っています。それこそ、例えば、トマス・アクィナスの神学思想を研究しているという場合、聖トマスの思想が物（rei）のような現実としてあるわけではありませんから。畢竟《ひっきょう》ながい注釈と解釈をへて、ようやく彼の思想をまとめ上げ、新しい見解をまとめるという作業になるはずです。それには、新しい知見が発見された、証明されたという事実を、正確にしかも迅速に公刊するという、研究とはおのずと異なった媒体が必要になります。また他の研究者たちも、同じようにかなりの時間をかけて長い論考をまとめているはずですから、それを読みこなして、それを踏まえながら、自分の見解を論証していく手続きが求められます。

何が言いたいかというと、このような場合、本格的な研究のための媒体は、やはり一冊の学術書ということになるはずです。

そこでは何冊も本を読み、一冊の本を書き上げることによっていままでの知識を解釈しなおしつつ新たな視点から総合することが、研究をとおして真理に近づくことであるとされる。新しい現実と対応した情報をいち早く捉えることが真理ではないわけです。

†人工知能と学問

知識を新たにまとめ上げる体系をつくることとは、電子ジャーナルでは不可能です。電子ジャーナルではむしろ、コンピュータ（人工知能）が、知の総合の役割を担っている。それは、人間の知性がコンピュータのエキスパート・システムに代替されるということを意味します。人工知能（エキスパート・システム）が、知を総合する最大の「学者」であり、個別の研究者はそれに領域を与えられてタスクをこなしている知的労働者にすぎない。

昔はカントやヘーゲルなどといった人たちが、理系を含めて全ての知を総合していた時代もあったわけですが、いまでは文系を含めて人工知能のエキスパート・システムが人間に代わって知の総合を行うようになってきている。そうなると、研究者は、自分は何のために学問をしているのか、知の全体のどの辺りに位置しているのか、さらには、そもそも学問とは何なのかということが捉えにくくなってきている。

二〇〇八年、*WIRED* というデジタル雑誌にクリス・アンダーソン（Chris Anderson）の「The End of Theory（理論の終焉）」という論文が掲載されました。仮説や理論はもう必要ない。データとそれを処理するシステムさえあれば、学問はもう要らない、というセンセーショナルな論議を打ち出したものです。この論文のラディカルな主張が世界に大きな衝撃を与えました。コンピュータ・ベースのエキスパート・システムが今後ますます発達していけば、データとの突き合わせの能力は人工知能の方がはるかに強力なので、学問は要らないという、極端な結論に行き着く可能性がある。

そのような、知識状況のなかで、「本」と「真理」との関係をとらえること、あるいはまた、「デジタル・メディア」と「真理」との関係を問い、学問の未来を展望すること、それもまた大学に新しい図書館を構想することの目的の一つと考えられたわけです。

†電子書籍とノートの統合

この図書館計画では、電子書籍に書き込みするという実証実験もやりました。図書館が電子書籍を導入することにはメリットがあります。伝統的な図書館では閲覧者は、紙の本に書き込みをしたりアンダーラインを引いたりすることを禁じられている。

ところが電子書籍になると、それぞれが好きなように書き込むことができる。そこで各人がどんな書き込みをするのかを調査したのです。電子書籍であればそれぞれ本にじかに書き込みし、場合によってはその内容をシェアすることもできますから、学生がその本をどのように読んでいるのかをチェックできる。あるいはネット上で、学生同士が読書会をやったり、先生に教えを乞うこともできる。

そういう実験をした結果、次のようなことが分かった。だいたいの人は頁の余白に知識を書き込み、言葉の意味が分からない時には行間に書き込むというような法則性があるわけです。返却すると自分のデジタル本棚から本は消えてしまうけれども、書き込みは手元に残る。もう一度、借りたり買ったりすれば、本と書き込みがまた対応します。電子書籍を使うと、このように、さまざまな可能性が開けてくる。紙の本への書き込みというのは、極めて個人的な活動だったため、それについての研究はあまり行われていなかった。しかし実験をしてみると、書籍への書き込みを進化させていけばメモになり、さらにはノートになる。ノートであれば、論文を書くことにもつながり、やがて本を書くことにつながってきます。

紙の本である限り、本とノートは別個に存在する。しかし電子書籍によって、読むことと書くことには連続性があるということが分かってくる。

他方、電子書籍で読み、なおかつ書き込みするということはすなわち、コンピュータがその読み書きを記録して研究しているということです。本を読むということは、コンピュータが本を読むことをどんどん学習していくということでもある。コンピュータ環境と接続して、読書の可能性を拡げる、「拡張読書（augmented reading）」をめざそうというテーマを設定して進めていたプロジェクトでした。紙の本を読むことは基本で、電子メディア環境で、さらに本の読書をヴァージョン・アップすることができる。図書館でそういった活動をサポートする環境をつくれば、人は今後もますます図書館に来て本を読むようになるだろうというアイデアでした。

†文明の中心にある読書

本がつくってきたグーテンベルクの銀河系の文化と、二〇世紀以降の文化のメディア化という問題がどこでどう結びつくのか。これは文明の中で培われてきた知識・文化を大切に考えている人たちにとってはもちろん、この章の冒頭に述べました、注意力の経済の加速にともなう私たちの灰白《かいはく》資源（脳という意識資源）の持続可能性に関わる、私たちの精神のエコロジーにとっても重要なテーマです。なんといっても、本を読むという活動は、注意力の集中を必要とする活動であると同時に、注意力の深い集中を通じて、人間が自分の意識と思考で情報や知識を整理する、文明の中心を占める知的活動であるからです。私は、これからも本を読む・書くという活動が人類文化の中心でありつづけると考えていますし、そうであるからこそ、電子メディア化していく本と紙の本の文化とをしっかりと結びつけることが何よりも大切なことだと考えているのです。

メディア生活が注意力の経済の競争激化によって、人びとの意味のエコロジー、精神のエコロジーを脅かしかねない。ハイパー・アテンション状態の脳は、人間の文化の活動のためのシナプス形成さえも危機に陥れる懸念があると述べました。

†読字と読書の脳神経科学

そのようなメディアと脳との関係にまつわる議論と並行して参照したい興味深いテーマが、読字する脳・読書する脳に関する、最近の脳神経科学の知見です。

最近の脳神経科学の分野では本（文字）を読むという活動の仕組みがかなり解明されてきている。

人間が文字を読んでいる時、目はどのように動いているか。アイトラッカーという装置などを使えば、その人がどの部分を読んでいるか、どういう動きで読んでいるかがすぐ分かります。眼球の飛躍運動をサッケイド運動と言いますが、眼球は行っては止まり、さらには戻るという運動を繰り返している。そのような運動によってチャンク（意味の塊）をつくり、記憶に送り込んでいる。「これが文だな」「ここが文節だな」などと脳で把握し、それに応じて眼球を動かして本を読む。そういった仕組みが解明され、文字を読む脳の働きが可視化されるようになってきました。脳の各部分の役割についての優れた研究が次々に出てきたことにより、人間が文字を読むという活動についての知見の刷新がだいぶ進んだのです。

第1章で、プラトンの『パイドロス』から、エジプトのテウト神によって、文字が発明されたという逸話を引きましたが、中国では蒼頡《そうけつ》という神話上の人物が漢字を発明したと言われています（図5－3）。この絵をよくご覧になれば分かると思いますが、蒼頡には目が二組ある。つまり四つ目の人です。これにかんしては諸説ありますが、私は中国の研究者には申し訳ないですが、勝手に次のように解釈しています。一対の目は自然を読み、もう一対の目は文字を読む目である。蒼頡は文字を発明したことにより、文字を読む目を新たに一対持った。中国の神話ではどう解釈されているか分かりませんが、おそらくこれが最も脳神経科学的な解釈だと思うからです。

これに関連して、まだ翻訳されていませんが、興味深い本があります。フランスの脳神経学者であるスタニスラス・ドゥアンヌ（Stanislas Dehaene）の *Reading in the Brain* という本です。これと並んで、こちらは翻訳がすでにありますが、アメリカの脳科学者メイリアン・ウルフの『プルーストとイカ』も名著です。さらに、これらの研究には必ず引用される、視覚認知科学者のマーク・チャンギージーや日本の認知科学者・下條信輔さんの基礎的な研究もあります。

皆さんはご存知の通り、世界中には二〇〇をこえる非常に多くの文字種が存在していま

図 5－3　蒼頡

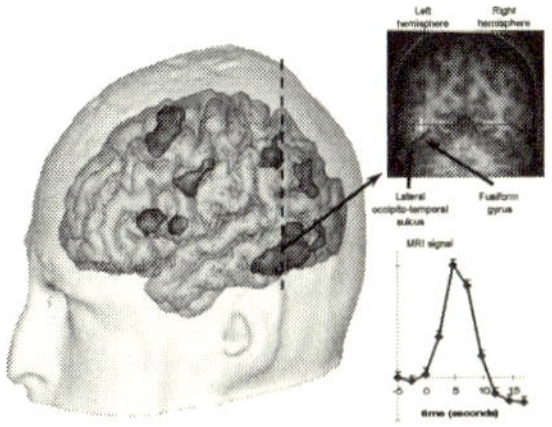

図 5－4　「脳のレターボックス Brain's letter box」。空間識別に使われていた中枢が「文字中枢」として「ニューロン・リサイクル」される。

図版：Dehaene, Stanislas, *Reading in the Brain*

す。漢字やひらがな、アルファベット、フェニキア文字、キリル文字等々、バラバラに文字のシステムが存在していると、皆さんは、そうお考えになっていませんか。ところが脳神経科学や認知科学の研究の最新知見はそうではなく、人間は皆同じ文字を読み書きしているという驚くべきものです。

人間の脳には、自然界のなかにある事物の位置関係を、その見え方の特徴から見分ける識別能力をつかさどる部位があります。たとえば、教室の中で、このコンピュータと机が重なっている部分は見る人の位置によってＬの形に見えたり、Ｘの形に見えたりする。こちらから見るとコンピュータと机が重なっている部分はＬの形に見えるし、あちらから見るとそれはＸの形に見える。草原では、手前の岩とその向うの木の枝の重なりはＴの形に見えたり、Ｖの形に見えたりする。動物は、そういった見分けシステムを生まれながらに獲得している。視覚情報を処理する側頭部（耳の後ろあたり）に中枢があり、それが見分けシステムをコントロールしている。ですから、動物も人間もじっさいに場所を見に行って初めてその形象を覚えるわけではない。だいいち、そんな悠長なことをしていたら他の動物に食べられてしまいますし、見分けのシステムは生得的に獲得して生まれてくるわけです。

マーク・チャンギージーと下條信輔らは、空間内の事物の識別システムが手掛かりとしている見分け特徴と、人間が使用しているおよそあらゆる文字を構成している要素の頻度分布とを比較してみると、両者の出現のパターンは完全に対応しているという研究結果を報告しています。自然界にも文字種にも、同様の特徴が数多く現れる。漢字の偏《へん》や旁《つくり》を構成する要素は、すべて三ストローク内で書ける。つまりトメ・ハネ・払いなどで、それらの要素を組み合わせることにより、漢字のような複雑なシステムがつくられている。このように文字要素に分解してしまえば、動物としての人間が、自然界の見分けシステムの中で使っている識別要素とほぼ同じ徴《しるし》から人間の文字は構成されていると考えられる。つまり、世界中のどの文字も同じ空間識別の徴から派生した同じ特徴を要素として成り立っている。それらは三ストローク以内で書ける徴であって、世界の文字はそれらの要素を組み合わせて出来ているのだという仮説です。

ドゥアンヌの研究が明らかにしたことですが、文字を読む人の脳を脳内イメージング技術で観察すると、自然界の特徴を見分けるシステムと同じ中枢を使って文字を見分けていることが分かる。人間は成長に従って文字の読み書きを習得していくわけですが、自然界における空間的識別を扱う部位を、文字を見分けるという記号システムを動かす部位へ転用して読字・読書に振り向けていく。この文字を習得するプロセスは後天的なものですが、子供の時に行われなければならず、それは脳の可塑性の問題です。

幼少期にシナプス形成があり、ある時点で自然に読み書きする段階に至る。つまり、文字をすらすらと読み書きできるようになるわけです。自然界の見分けシステムを、言語を読み書きする活動のために振り向けていく。このプロセスの中で、人間は文字を読み書きできるようになる。そのようにして、人間は「文字中枢（brain's letter box）」を後生的に獲得するのだとドゥアンヌは述べています。これが彼の提起している人間による文字獲得に関する、「ニューロン・リサイクル（neuronal recycling）」仮説です（図5－4）。

各文字種を構成する組合せのパターンはさまざまですが、要素はみな共通している。つまり文字要素はユニヴァーサルである。世界中の人びとは基本的には、同じ文字を書いている。ただ、多様に見えるのは、それらの文字要素が、さまざまに組合せられて、具体的な文字体系にまとめられて使用されているからだというわけです。

†本という空間

いま紹介しました、スタニスラス・ドゥアンヌの説は、読字の活動に関わる脳の情報処理のシステムを研究している。文字を扱う脳が空間識別の活動から引き出されたという大変興味深い知見です。蒼頡の四つ目の理由を、脳神経科学的に解釈すると、自然を読む目のペアに重なるように、文字を読むもう一対の目のペアが加えられたという、この神話の私の解釈もなまじ無根拠とはいえないと思えてきませんか。

読書という活動を理解するために、その次に考えるべきは、文字を書く表面としての頁や頁を綴じた本という媒体――メディア――の問題です。最初のうち、書物メディアはパピルスの巻物でしたが、ある時期――紀元二、三世紀――から、コデックス（codex）と呼ばれる冊子本になる。この冊子状の書物はとても重要な発明でした。巻物を読んでいるかぎりは一巻の書物をリニアに読み続けるのが習慣ですが、冊子体になったときに、一冊の本の頁と別の頁、さらには、別の本の頁とを同時に読んで比較することが可能になりました。

このコデックス本の発明の射程は大きく、第2章で言及したメディア哲学者のフリードリヒ・キットラーは、巻物からコデックス本（冊子体）へと移行したのは、聖アウグスティヌスの頃で、それはちょうど当時のキリスト教神学者たちに、ラテン語の文献だけでなく、ヘブライ語で書かれたユダヤの教典、ギリシャ語で書かれた新約聖書、そして、異教ギリシャの哲学者とを突き合わせて比較することを可能にしたし、書物を索引に基づいて検索することも可能にして、スコラ哲学を発達させたと述べています。

このようにして、本の技術は改良を重ね、読む活動が歴史的に成熟していく。冊子体の書物の発明は、本を読む活動が、三次元の空間性に基づいた活動であることを示すものです。そして、それはそもそも文字を読む活動が、脳の活動としての発生からして、空間認知と結びついていることと深く関連しているだろうと思います。

じっさい、私たちは、一生懸命読んでその内容を記憶している本を想い出す場合に、あの文章が書いてあったのは、大体、どのぐらいの厚みの、どの章のあたりで、頁の右の方に書いてあったはずだとか、というように位置情報で覚えている。我々は空間情報によって、読みの記憶を維持しているわけです。

しかしKindleのようなePubという方式で、フォントを変えると頁数が変わってしまうリフロー型の電子書籍で「本」を読んだ場合、いま言ったような空間的な記憶システムをつくれない。本を開くたびにページ数が変わってしまうと、その文章がどこにあるのか把握できなくなりますから。

ＧＰＳに頼って街を歩いていると、そこがどんな街だったか思い出せないのと同様に、ePubだと検索はできるけれども、記憶の空間的構造体として構築されている本の経験は希薄になってしまう。しかし、本とは記憶の編成体ですから、五〇〇頁であれば、それだけの記憶の厚みをつかって、思考したり、物語る活動が立体化したものであるわけです。一〇頁で論じられること、考えられること、語れることと、五〇〇頁で思考し、語ることでは、自ずから、思考や想像の射程が異なります。空間的構造体である本には、それだけの潜在的な力があるのであって、だからこそ、本は、特権的な「精神の道具」であるのです。

ですから、五〇〇頁のメモリーを使って物を考えさせ、物を想像させ、物語らせる、本という装置は、圧倒的に大きな認知的ポテンシャルをはらんでいるのです。私はこの理由から、紙の本は決して、リフローされるテキストがタブレットの二次元で読まれるような電子書籍の前に消え去ったりはしないと考えるわけです。

†ハイブリッド・リーディング環境

しかし、本は滅びないけれども、電子化していく際には、コンピュータが本を読み始める。コンピュータが本を読むようになると、それによって新たに出来ることもある。本に関して言えば、全文検索をかけられるようになったり、他の人の読書と結びつくことができるようになったり、辞書や事典と容易に連動できたりします。

さらに、コンピュータがインターフェイスとして扱うさまざまな情報の流れと、本が結びつく可能性があります。先ほども言いましたように、本という道具は非常に認知的ポテンシャルの高いメディアですが、その本とコンピュータが集めてくるさまざまな情報を結びつけるプラットフォームをつくることができるのではないか。紙の本と電子の本の両方のメリットを組み合わせる可能性が見えてくるのです。私はそれを、電子メディア時代の「ハイブリッド・リーディング」環境の追求と呼んでいます。この章でも、メディア・テキストをクリティークする方法について話してきましたが、メディアというテクノロジーの文字が技術的無意識を基礎として現代人の意識を生み出しているとすれば、そのメディア・コミュニケーションと、本の読み・書きの活動を結びつけることによって、メディアを読み、アノテートして、クリティークし、反省的に思考する、メディア文明のなかのリフレクシヴ(反省的)な認知環境をつくることが考えられます。そのインターフェイスには、紙の本との界面として電子書籍が位置づくようになるはずなのです。

†社会に「精神のエコロジー」を保障する場所

図書館は今後、そういった役割を担っていくべきではないかと考えています。もともと図書館は社会にリテラシーを保障する場所なのですが、ここで情報生活のリテラシーを担保する場所として再定義し得る可能性が生まれてきます。図書館のような施設をきちんと設計し、書物が蓄えてきた知と情報生活を結びつけ、なおかつ整理するような場所に変化させる。私はそういうユートピアを目指して、図書館のプロジェクトを進めたわけです。

書物の知と情報の知が結びつく場を構築するわけですから、これもひとつの精神のエコロジーの企てということができると思います。現代の情報生活についてリフレクシヴになる。そういう活動を社会のどこに埋め込んでいくか。我々はいま、社会全体として、この課題に取り組んでいく必要があるのです。

第６章

メディア再帰社会のために

藤幡正樹 'Voices of aliveness'

†メディア社会に再帰的になる

この最終章では「メディア再帰社会とは何か」という問題を出口として、これまでの話をまとめていきたいと思います。

ひとりの赤ちゃんに複数の人が同時に話しかけた場合、赤ちゃんはどちらを向いていいのか分からない。注意力が散漫になり、何かひとつのことを理解することができなくなる。同様に、メディアの発達により、私たち現代人も自分たちの注意力をコントロールできなくなりつつあるのではないか。情報が氾濫する時代には、注意力・意識・思考という、人間の稀少資源をめぐる精神のエコロジー問題が発生しているわけです。

私たちは、こうした問題にもっと、それこそ、注意し意識的になり、その問題を深く思考するのでなければならない。それが、この章にいう、メディア社会に再帰的になる、という価値観の提起です。そのことについて、これからお話ししましょう。

†成長と消費から遠く離れて

まず、これまで経てきた論点を少し振り返りましょう。

第3章で語りましたように、アメリカの資本主義に覇権が移っていく二〇世紀型資本主義は、消費自体を生産するというサイクルを高めていった。その牽引力となったのが、メディア革命で、ハリウッドの「夢の工場」に代表される、映画・レコード・ラジオなどの文化産業だった。そこでは、人びとの心の中にある「意識の市場」に働きかけることが重視され、欲望の経済（フロイト理論のいう「リビドー経済」）が、商品の生産・流通・消費の経済を裏打ちするようになった。マス・メディアが産み出す大衆《マス》の心理を操作するマーケティングのテクノロジーがフロイトの甥バーネイズによって開発されて、大衆社会を動かすようになった。

第二次大戦後の日本の歴史をこれに重ねてみると、デジャ・ヴュ（既視）感がありますね。日本では高度成長期と呼ばれ、フランスなどでは「黄金の三〇年（Trente Glorieus-es）」と呼ばれる一九四五年から一九七五年までの戦後復興と経済成長の時代が、ちょうど、こうしたアメリカ型資本主義の移植と、反復・発展による復興と成長の時代だった。アメリカのフォードのように、トヨタや日産の車がつくられ、日本版ハリウッドとしての東映や松竹の映画で夢のスターが生まれ、白物家電に囲まれた幸せなマイホームの夢がテレビ放送の発達とともに拡がり、電通や博報堂のマーケティングが、PRを担っていく、第二の近代化と「経済成長」の時代でした。

ヨーロッパとはちがって、二度の石油ショックを乗り越えた戦後日本の経済社会は、一九八〇年代になると、爛熟期を迎え、生産資本主義としては、市場が飽和します。国際競争を勝ち抜き蓄積された余剰資金は投機へと向かい、「バブル経済」の時代を迎える。そのときこそ、まさしく、消費を生産することが求められることになるわけです。

私ぐらいの世代はついこないだのことのように覚えていると思いますが、このいわゆる「バブル期」は記号消費の時代でした。このとき記号論は、消費社会の現象を読みとく知として一躍脚光を浴び、熱病のように一時流行した。これは、私がこの講義を通してその限界を指摘してきた、旧い記号論でもあるのですが。

例えば、ジャン・ボードリヤールの『記号の経済学批判』（今村仁司・宇波彰・桜井哲夫訳、法政大学出版局、一九八二年）というような本が出ていました。あるいは、いまでも、それなりの数の読者がいるロラン・バルトの記号学、あるいは、構造主義やポスト構造主義と呼ばれている一連の思想家たちの著作。それらの知は流行現象となり、日本ではニューアカデミズムと呼ばれたりもしました。

これらの理論は、消費資本主義を読み解くためのパラダイムとして、アナログ・メディア革命がつくりだした「記号」の分析を行ったケースだと私は理解しています。文化産業が生み出す「消費」が、非常に重要な活動であるということを提示してみせたという点において、たしかに、大きな説得力を持ちました。しかし、今では通用しない理論です。

高度成長期のような産業資本主義の後に、消費資本主義の「ポスト近代」の時代が来て、「ポスト・モダニズム」現象が活況を呈する。パルコ・西武文化といわれ、「おいしい生活」や「ほしいものがほしいわ」などといった、広告コピーが示すとおり、「欲望」が生産されることに人びとが自覚的になった時代でした。しかし、やがて欲望の生産と管理は、別のメディア・テクノロジーによって担われるようになる。その後の「情報資本主義」に変貌していくプロセスがあるわけです。ところが日本は、その情報資本主義に完全に敗北してしまう。

†日本の敗北

日本は高度経済成長から消費社会までは非常にうまくキャッチアップし、資本主義の競争を勝ち抜いていった。しかし、それも一九八〇〜九〇年頃、一九九一年から一九九三年のバブル崩壊の後、日本の資本主義は、アメリカの情報資本主義に敗北してしまう。

高度経済成長期以来、日本の基幹産業であった電機メーカーは、カメラにしても、ビデオにしても、テレビにしても、アナログ機器の産業だった。アナログ・テクノロジーが可能にしていた日本の産業的優位が揺らいでいく。そして、バブル崩壊につづく、「失われた二〇年」において、ソニーやパナソニックといったメーカーが世界市場で敗北していきます。

†アメリカの情報資本主義

一九八九年の冷戦の終結をきっかけに、アメリカの軍事技術が開放されることになった。コンピュータ・テクノロジーがその中心です。その核は、情報通信技術で、軍事技術であったアーパネットがインターネットとして民生用に開放される。

ここで話が、すこし脇道にそれますが、パソコンの発明は、むしろ、軍産学協同に対抗する、カリフォルニアの対抗文化に源流をもつことは興味深い事実です。軍事や産業で使われていたのは、メインフレームと呼ばれる大型コンピュータで、いまで言うスパコンです。これは軍事技術で、企業としてはＩＢＭが中心だった。しかし、一九六〇年代の学生運動の対抗文化のなかで、「コンピュータ・リブ（Computer Lib）」という運動がありました。コンピュータを解放せよという運動です。そこから出てきたのが、ビル・ゲイツやスティーブ・ジョブズをはじめとするパーソナル・コンピュータを作った第一世代の人たちです。彼らは「コンピュータを僧侶の手から解放せよ」というマニフェストを掲げ、デモクラシーの手段として小型コンピュータを作り始める。最初のコンピュータ世代は、リベラルかつデモクラティックな対抗文化の中にいたわけです。それが、次第に、コンピュータが人びとの生活・産業の中に組み込まれていくにつれて情報資本主義の担い手に育って行った。一九九五年にウィンドウズ95が発売され、パソコンユーザーが爆発的に増えてからの展開が、現在のインターネットの世界を作ってきている。

話をもとに戻すと、軍事技術であったネットワークがインターネットとして開放されることで、世界のグローバルな情報インフラができた。これは、第3章で話した、第一次大戦後に、軍事無線技術であったラジオが民生に転用されて、ラジオ放送が普及し、その後、テレビ放送が拡がった歴史の繰り返しともいえます。カリフォルニア対抗文化とインターネットとの関係から言えば、アル・ゴアの「情報ハイウェイ」構想などは、まさしく、カリフォルニア的なリベラルな対抗文化が、国家の情報政策と合流して、大きな流れをつくっていったアメリカの情報資本主義の運動を如実に示しているといえます。

要するに、日本の二〇世紀末のアナログ資本主義は、復活したアメリカの情報資本主義によって駆逐されたわけです。ソニーやパナソニックのアナログなメディア技術は、マイクロソフト、アップル、グーグルなどが牽引するアメリカ発の情報資本主義に適応できず、敗退していく。ソニーやシャープのアナログ精密機器がアップルやサムスンの部品となり、アナログ時代の勝者がデジタル企業の下請け企業と化していく。いまはまさに、そうした歴史的段階に私たちはいるというわけなのです。

†記号論の問いを立て直す

経済学者でもない、たんなる人文学者の私が、以上のような二〇世紀資本主義の交替史をスケッチしてお話しすることには理由があります。

どの学問も世界の動きとは無関係ではありえないのです。とくに、私がお話ししてきた記号論は、日本では、さきほども言いましたように、一九八〇年代に当時の消費資本主義を説明する理論として受容されたということがありました。厳密にいうと、それは日本だけの現象ではなくて、世界的にも、戦後の資本主義が、生産を中心とする近代的産業主義から、消費を生産することを求めるポスト・モダンの段階へと移行したときに、現代記号論が、文化産業への依存を強める資本主義の運動を理解する知のパラダイムとして登場したということがあったわけです。

コンピュータはすでに一九五〇年代に技術的に発明され、サイバネティクスなどの情報理論も記号論の学説に登場するにせよ、バブル期の文化産業の基盤技術はアナログ・メディアでしたから、現代記号論は、アナログ・メディアの記号論であったのです。

しかし、世界はいまや情報資本主義の時代となり、この本をとおして説明してきたように、人間の心の生活が情報技術との界面に成立するようになった。第4章で述べたように、記号論もまた「デジタル転回」が必要で、それこそまさに、ライプニッツの時代のバロック記号論へといちど回帰することによって、「世界の記号論化」を捉え返すことができるのです。メディアのデジタル転回にともなって、記号論をヴァージョン・アップしよう。ライプニッツの普遍記号論にまで遡りつつ、情報記号論として記号論を組み替えよう。これが、この本を通じて説明してきた私の学問的な主張です。

　これは、二〇世紀を横断して発達してきたメディア研究の「デジタル転回」とも深く関連する考え方です。それは、最近では、「デジタル・スタディーズ」というような呼ばれ方もするメディア論の世界的な革新の動きともつながっています。これについては、最近、文化社会学者の吉見俊哉さん、ロンドン大学のゴールドスミスカレッジのマイク・フェザーストーンさんとともに『デジタル・スタディーズ』コレクション全三巻というかたちで、研究成果を公刊したところです。

†「デジタル転回」と再帰性

　メディアがデジタル化すると、メディアは再帰化する。そのように書くと、何が何だか分からないと思われるかも知れませんので、この点を少し説明します。

「再帰性」とは、このとき、内容や相手や状況に応じて、そのつどそれ自身のあり方を変化させて調整する、というほどの意味です。その元にある原理は、サイバネティクスの「フィードバック」という考え方です。

二〇世紀半ばに、テレビが普及しメディア論が興隆したときに、センセーションを引き起こしたのは、カナダのメディア理論家マーシャル・マクルーハンの「メディアはメッセージ」という定式でした。

メディアとはメッセージを乗せる乗り物であるという常識に対して、メディアこそがメッセージの成り立ちを決定しているのだというこの定式は当時としては革命的な意義がありました。しかし、その前提として、メディアとメッセージとの間に、アナログ・メディア的な固定的な対応関係を想定しています。

映画はあくまでフィルムの上に焼き付けられ、レコードはビニールの上に音波の溝を刻み、テレビやラジオは電波の周波数帯が決められて放送されている。媒質としてのメディアの技術的条件こそ、メディアが運ぶメッセージを決定しているのだ、というわけです。身体接触的でオーラルなコミュニケーションを伝えられるテレビという新しいメディアであれば、視覚的で抽象的な新聞とは異なる新しいメッセージを運ぶことになり、文化はそれまでとは違ったものになるのだ、と。

ところが、デジタル革命は、メディアを、0と1の数字列からメッセージをそのつど生成するマトリクス（数の行列）へと進化させました。アナログ・メディアにおいては、メディアとメッセージのタイプとが固定した関係にあった。しかし、コンピュータでは、音声も映像も文字もすべては0と1からなる数列に書き換えられてあらためてそのつど生成されている。コミュニケーションにしたって、デジタル・メディアでは、メディア自身が、そのつど、ヒトやモノとの関係を制御し、ハイパーテキストというメディアの働きによってメッセージが変化しつづける。いまでは、メディアは、プロテーウス（ギリシャ神話に出てくる変幻自在に変身する海神）的なプラットフォームへと姿を変えたのです。

†メディアから「プラットフォーム」へ

ですから、デジタル・メディアとは、そのつど関係性が自律的に生成する場であり、しかも、無限の記憶の貯蔵庫であり、それゆえにむしろ、ユーザーの行動を予《あらかじ》め決定してしまうプログラムであり、いつでもどこからでもヒトとモノを現前へと呼び出すことができる「プラットフォーム」となったのです。

マクルーハンの定式は、ひとつのメディアには固定されたメッセージが対応するという前提に立っている。新聞は、誰がどこで読むかによって変化したりはしないし、テレビもどこで誰が見るかによって変わることはない。

ところがメディアのデジタル・プラットフォーム化が起こり、この動きに適応できない新聞社・テレビ局が敗退しつつある。新聞社・テレビ局などは「マスメディア」だから時代に適応できないのだという意見もありますが、これはあくまで一面的な理解に過ぎません。マスメディアが勢いを失っていくのは、メディアがデジタル化してその原理がプラットフォーム化したからです。

プラットフォーム化とはすなわち、読む人、見る人、使う人によって情報が刻々と変化していくということです。たとえばテレビは、チャンネル・時間によって内容が決まっている。新聞も、そこに掲載されている内容は決まっている。

ところがYouTubeやツイッターやフェイスブックやニコニコ動画などはメッセージ・フリーで、ユーザーのアクションによってメッセージが変化していく。ですから、ときに新聞、ときにラジオでテレビ、ときにミュージックビデオというように、そのつど変化するコミュニケーション基盤としてのITプラットフォームというわけで、現在ではそちらのほうへどんどん人びとが移動している。

これにより従来のメディア・メッセージ固定型の媒体を提供していた経済活動が駆逐され、マスメディア産業がピンチに陥っている。このメディアのプラットフォーム化もまた、

図6-1 「記号過程」と「情報処理」の対面関係

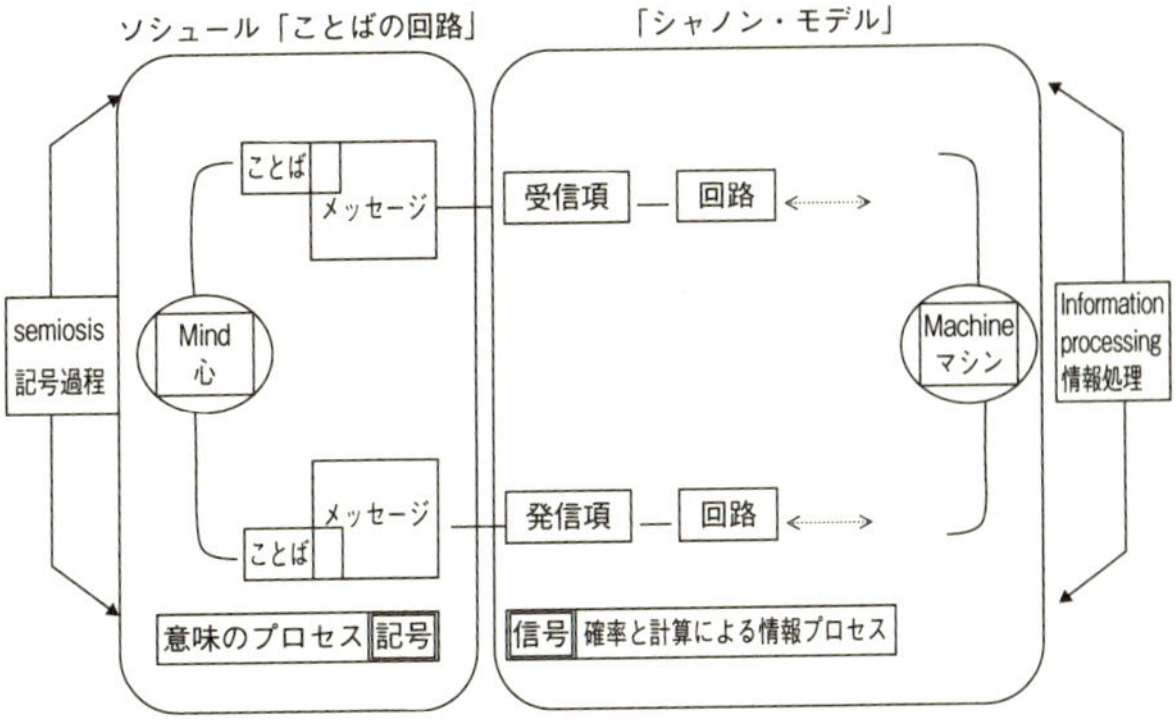

ITによってもたらされたものです。まず、読者・視聴者（ユーザー）をサーチできるフィードバック回路を持っている。そしてメッセージ・フリーであるため、メディアとユーザーが互いにフィードバックをかけられる。メディアがそういった「再帰性」を持っているため、プラットフォームを提供しているプラットフォーマー企業だけに利益がもたらされる。そういう利益構造（収入構造）になっているわけです。

記号の再帰化

メディアの再帰化の問題は、「記号の再帰化」と重ねて考えていく必要があります。

デジタル・メディアの時代の「記号」はすべて、「情報」と表裏一体となっている。デジタルカメラが撮った写真は原理的には0と1で書かれているように、デジタル記号は常に、デジタルな情報列によって裏打ちされている。これは、私が提唱している情報記号論における最も根本的な論点です。これからの時代の記号論は、デジタル・メディアの記号論であるという主張です。

図6－1では、「シャノン・モデル」とソシュールがつくった「ことば（パロール）の回路」を重ねています。クロード・シャノンが一九四八年に提唱した「シャノン・モデル」により、すべての信号（情報）がコンピュータで計算処理できるようになった。他方、一九〇〇年頃、ソシュールにより「ことば（パロール）の回路」の理論が提唱された。これもまた、電話モデルで人間のコミュニケーションを捉えている。これらを重ね合わせると、「記号過程」と「情報処理」がセットになります。

人間は言葉を話しているけれども、スマートフォンはそれを01の記号に書き換えて送信する。そして、その01の記号が映像や音声などと結び付く。つまり01に書き換えられた瞬間から、他の記号と結びつく可能性が生じてくるわけです。いまや、記号論と情報学は常にセットになっている。我々がいつも使っているインターフェイスのこちら側（記号学）では人間が話し、向こう側（情報学）ではコンピュータが情報を処理している。我々は、こういったインターフェイスを通してコミュニケーションしているわけです。どんな状況であれ、記号の生活は情報の生活になっている。これはアナログ時代の記号論と

図6－2　「記号学」と「情報学」のインターフェイス

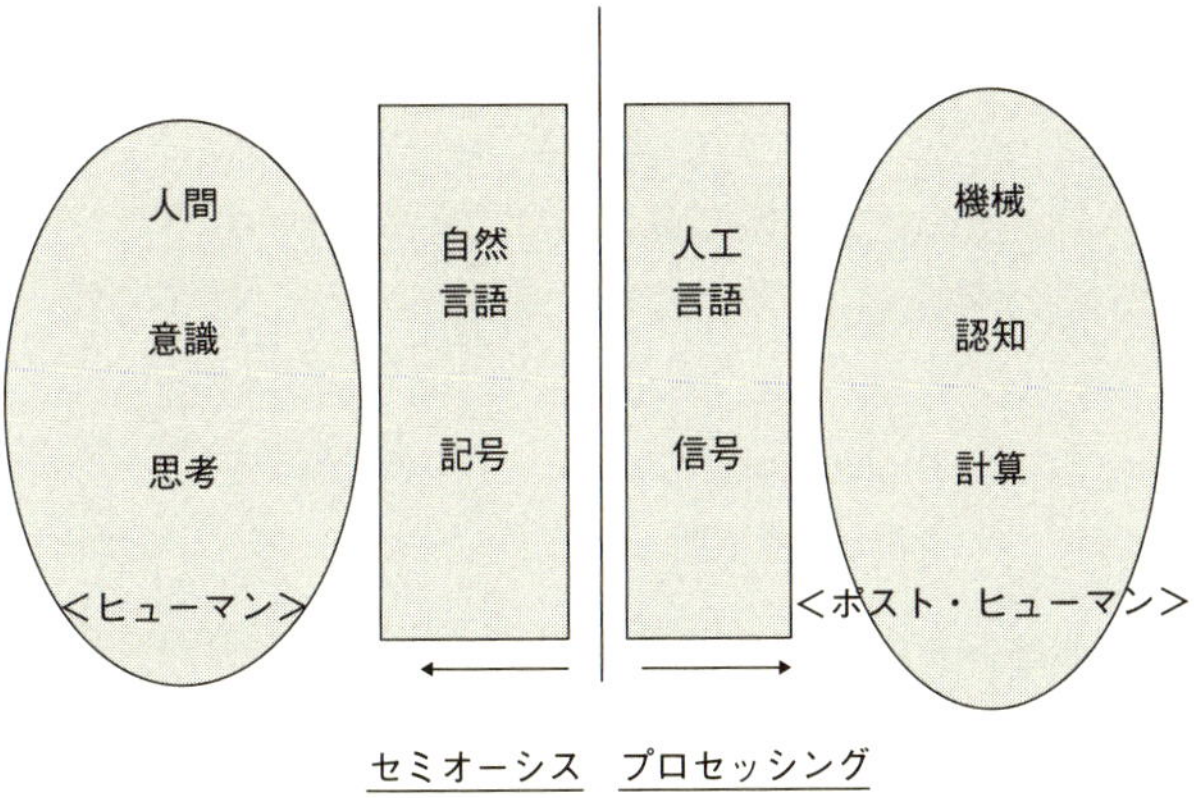

はまったく違う考え方です。

　では、記号学と情報学のインターフェイスで一体何が起こっているか。第4章で説明しましたように、記号の意味をつくりだす活動のことをセミオーシス（記号過程）と言います。一方でコンピュータは情報処理（インフォメーション・プロセッシング）している。ワードプロセッサという機械がありますが、これは言葉を処理するという意味です。ここでは、セミオーシスとプロセッシングがちょうど対面する関係になっている（図6－2）。

†記号過程と情報処理

　情報学において、人間が話す言葉は自然言語といわれます。一方でコンピュータの文字は人工言語といわれる。コンピュータも言葉を持っていますが、それはソフトウェアなどプログラミング言語で書かれている。記号学の枠組みにおいて、人間は記号をやり取りしている。そして情報学の枠組みにおいて、コンピュータは数をやり取りしている。人間が記号活動（セミオーシス）をする一方で、機械は情報処理（プロセッシング）をやっている。人間は意識を持っていると一般的には思われていますが、他方でコンピュータは認知をモデル化している。また人間はさまざまな思考・考えを持っているわけですが、コンピュータにおける思考は計算と呼ばれる。そもそもだからコンピュータ（計算機）という名前なのです。

思考は計算であるという図式を発明したのはホッブズで、ライプニッツよりも前に、そういう考え方はあった。記号学と情報学は常に、こういう対面関係になっている。コンピュータは人工知能の実現を目指しているわけですが、人間は脳で「思考」している。一九九〇年代ぐらいから、人間（ヒューマン）がやっていたことを機械が代行するようになると、「人間以後（ポスト・ヒューマン）」になるという議論が出てきた。つまりここでは、ヒューマンとポスト・ヒューマンが対面している。

第3章で説明したパースによれば、記号の中で最も大きな要素はindexでした。アナログ・メディア革命により、あらゆる痕跡（index）をつかまえて記号を丸取りすることが可能となり、写真は光の痕跡を、映画は運動の痕跡を、録音装置は音声・音響の痕跡をそれぞれ丸取りする。これらはすべて、人間にはできないことです。

人間はあらゆる痕跡から選別し、絵や言葉にする。つまり情報を取捨選択し、法則性を取り出すことによって物事を理解している。そこでは見分け・聞き分けをやっているわけです。きょう朝起きてから見たすべての光景を、我々は記憶していない。しかしライフログのようにカメラをずっと回せば、一日の出来事をすべて丸取りできる。カメラは index（痕跡）を丸取りしているわけですが、我々はそれを選別し、symbol（象徴）のみで対応している。たとえば、「今日はこんなことがあったよね」と言葉でいう感じです。ですから量的関係から言うと、記号は symbol を頂点としたピラミッドになるわけです。第4章の図式を想い出していただくと、文字的なものは symbol に特化しており、Image（像）は icon さらには index とだんだん下に降りていく。痕跡を丸取りできるのであれば、当然精度（definition）は高くなる。メディアでは、あたかもいまここで出来事が行われているかのような写真・映像・音声・音響を得ることができる。つまり我々は精神的な活動をシンボリックな領域、身体的な接触等を痕跡の領域でそれぞれ経験している。

†メディアの再帰化

ところが、記号と情報がデフォルトでセットの状態になると記号の再帰化が起こる。第４章に載せた図４－７の下半分は情報処理の仕組みです。まずindexの部分を精度の高いアナログ記号でとらえ（analog）、これを徐々に数値化する（digital）。昔のデジカメは画素数（ピクセル数）が少なかったので、少し拡大するとモザイクになってしまう。もちろんアナログのほうが豊富な情報量を持っているんですが、これをどれだけ演算処理できるかによって画素数が変わってくる。デジタル変換されると、アナログ記号は０１という数になる。数になれば計算できるので、プログラム（program）あるいは式で扱うことができるようになる。つまりここで、記号のピラミッドと情報の逆ピラミッドがセットになるわけです。これが「記号の再帰化」です。デジタル化によって、記号を捉え返すもうひとつのプロセスが付け加わった。これにより記号が常に情報に書き換えられる回路が生まれ、フィードバックの再帰性を形成している。

そして、これは記号を扱うメディアにも波及します。たとえばアナログ写真の場合、撮った人とそれを見る人とは無関係ですが、デジタル写真では双方向性（interactivity）が生まれる。ある写真が０１の列に書き換えられた場合、それは０１の数列で書き換えられた他の写真と比較できるようになる。つまりそれらの写真は、ネットワークの中にある任意の写真として位置づけられるわけです。あるいは写真を見ている人と写真とがコミュニケーションできるような回路があれば、誰がどのようにいつ見たかもすべて記録される。さらには、その人が以前に見た写真も記録される。つまり、写真と写真を見る人の情報がカップリングされるわけです。紙の新聞は誰が読んだか分からないけれども、ネットを通して新聞を読んだ場合、誰が読んだかは原理上すべて捕捉される。

ここで新聞とそのユーザーとの間に約束が成立していれば、新聞は各人にカスタマイズされた情報を送ることができる。メディアとユーザーが相互に作用する（interaction）ことにより、こういったことが可能になるわけです。情報化されることによってメディア自身も別の回路を持ち、これによりフィードバックをかけられるようになる（再帰化する）。これは記号の再帰化と同じ原理ですが、メディアが情報をまとうことにより、さまざまな可能性が広がっていく。

情報から常にフィードバックを受けることにより、プラットフォームと化したメディアのうえで、メッセージはさまざまに変化していく。

†生のアルゴリズム化

みんながどんどんそのプラットフォームを使っていくと、こんどは人間の生活そのものがアルゴリズム化していくということが起こります。先ほど、記号は必ず情報とセットになっていると言いました。記号は情報として処理されるため、記録が残っていく。そうすると情報は、人びとの記号生活の影（分身）のような存在となる。

たとえばあなたがアマゾンで買い物をすればするほど、趣味や読書の傾向・考え方などがプロファイリングされていく。このことにより、アマゾンのプロフィールがあなたにどんどん近づいていく。つまりそこでは、あなたの輪郭がはっきりしてくるわけです。そうなれば、アマゾンでの買い物はますます便利になりますよね。あるサイトを使えば使うほど、それがあなたにフィットしていくわけですから。あるいはマイクロソフトのワープロソフトWordで文字を入力すると、あなたがよく使う言葉遣い・熟語をすぐに提示してくれる。Wordも使えば使うほどどんどん変換精度が上がっていきますから、あなたが文章を書くことをさらにサポートしてくれるようになる。つまりここでは、あなた自身の情報入力がアルゴリズム化・計算式化され、予想可能になっていくわけです。

「デジタル転回」は記号・メディアの再帰化をもたらし、記号とメディアのあり方を一変させた。デジタル・メディアに囲まれた生活はたしかに快適なんですが、当然弊害もあり、たとえばアマゾンばかりで買い物されたら困るということで、楽天がヤフーサイトでアイトラッキングの密度が高いところにウェブ広告を打つ。つまりマルチタスクをめぐるせめぎ合いが起き、それぞれのサイトが自分のところにユーザーを誘導しようとしている。しかし、この流れに何の警戒もなく身を任せてしまっていいのか。ここで、メディアの問題を捉え返す活動が必要となってきます。

†コミュニケーション文明の中の居心地悪さ

一九八〇年代は記号消費の時代だったといいました。ちょうど、岡崎京子の漫画が一世を風靡していた頃です。しかし、記号や意識といえども無限ではない。第5章で扱ったように、人間が意識を得られる時間は限定されている。あるいは「意識は時間の関数である」と言われるように、意識は時間量で測られ、生物学的につきつめれば脳細胞の問題になり、シナプス形成にもかかわってくる。意識というのは基本的に脳を資源としている。数々の刺激を処理する脳という有限な資源で、その能力には限界があるから、外部から過剰な刺激を受けるたびにさまざまな困難に直面します。

たとえば私たちは日頃、いろいろな人とメールをやりとりしている。そこでは注意力が

図6-3　フロイト「文化の中の居心地悪さ」（初版1930年刊）

奪われるので、少し疲れてしまう。あるいは、ネットサーフィンをずっとしていても疲れますよね。そこでは我々の注意力を奪おうとして、いろいろなものが割り込んでくる。マルチタスク・インターフェイスですので、メールが来たりニュースのアラートがかかったりする。テレビを見ている時、我々はチャンネルを変えることしかできない。しかしパソコンやスマートフォンでは、そういった情報がどんどん割り込んでくる。しかも自分もどんどんリンクして、ページを飛んでいく。マルチタスクに対応していると、知らず知らずのうちに注意力散漫になる。いつも、メールが来ていないかとか、新しいニュースがあるだろうかとか、いろいろなものが次々と割り込んでくる情報生活に慣れてしまうと、それがないとかえって落ち着かなくなって気もそぞろということになっていませんか。かくいう私もときにそんな自分に気がつきます。

フロイトに「文明の中の居心地悪さ」という有名な論考があります（邦訳『フロイト全

集 第二〇巻 一九二九―三二年――ある錯覚の未来 文化の中の居心地悪さ』高田珠樹監修、岩波書店、二〇一一年）。そこには、こう書かれている。「人間はいってみれば一種の『補助具をつけた神』、補助器官をまとえばたしかに目覚ましいが、人間とともに成長したわけではなく、しばしば危難を人間にあたえる補助器具をまとった神となった」。人間はいわば、補助具をつけた神である。いまは機械がいろいろなことをやってくれて人間は万能感をもつようになった。しかし、それは「人間とともに成長したわけではなく、しばしば危難を人間に与える」。

そして、今では、ヴォーカロイドのように、ポップソングはまず機械が歌って、それを人間がカラオケで歌っている。そういう不思議な現象が拡がっている。

†「象徴的貧困」の進行

人間は多メディア生活にすっかり慣れきっているため、メールが来ないと何となく不安になったりする。我々はメディア依存症になっており、分散した注意を払っていないと逆に落ち着かない。皆さんも、いつもスマホを確認したくなったりしてませんか。この状態をハイパー・アテンションと言うと第5章では話しました。

我々の精神はさまざまな端末によって情報の流れにコネクトしています。そこでは私たちの注意力が分散し意識が資源として文化産業に結びつき、巨大な情報の渦の中に呑み込まれつつある。私の盟友ともいうべきフランスの哲学者のベルナール・スティグレールは、このような段階に入った資本主義のあり方を「ハイパー産業社会」と呼んでいます。そして、そこでは、精神のエコロジーが破壊されて「象徴的貧困」が進むと述べています。「象徴的貧困」とは、文化産業が生み出す大量の画一化した情報やイメージに包囲されてしまった人間が、貧しい判断力や想像力しか手にできなくなることによる、心の貧困をいいます。

映画、テレビ番組、音楽CD、映像DVD、あるいはiPodなど情報端末に配信されるコンテンツのかたちで文化産業が流通させるのは、「微分化された時間」をそれ自身のうちに帯びた「時間商品」です。購買者の「意識」自体が商品の時間によって構成されるようになる。現代人の生活がこうした産業品に依存すればするほど、人びとは自分たちの意識をそうした「商品の時間」をとおして構成するようになる。消費者としての「欲望」が産業的に生み出され、人びとの意識自体が「市場」と化す。まさに第4章で、マーケティングと意識のメタ市場について述べたとおりなのです。

メディアが再帰的になれば、消費者一人ひとりに密着して計算化が進みますから、放置しておけば、この傾向はさらに進み、象徴的貧困は加速します。社会全体が、人間の意識生活を保全するような「精神のエコロジー」の価値を共有し、こうした問題を重視していかねばならないというわけなのです。

†「メディア再帰社会」という課題

さて、デジタル化によって記号が再帰化され、メディアも再帰的になり、情報資本主義による生のアルゴリズム化が「精神のエコロジー」を脅かしていると、これまで話をすすめてきました。そろそろ結論に向かうべきときです。

デジタル革命がすすみ、メディアが再帰化していく社会を「メディア再帰社会」とここでは呼ぶことにしましょう。これまでの議論で語ってきたように、それは、メディアがフィードバック回路をもち制御プログラムをはたらかせることにより、自律的な次元を構成するようになった社会です。

そのようなメディア技術は人間にとって危ないものなので背を向けようという価値観もありえます。しかし、それは産業革命のときにイギリスで起こったラッダイト運動のように不毛な結果しかもたらさないことは歴史を見ればすぐわかります。他方で、人間には適応力があり、どんなに強い刺激や大量の情報であろうと人類は次第にそれを使いこなすようになるだろう。市場にすべてを任せるのと同じく、技術の進化にすべてを任せていけばよい。若い人はけっこううまく新しいメディアを使いこなしているじゃないか、という自由放任主義の主張もありますね。技術文明についての、ネオリベラリズム的な考え方ですね。しかし、そんな脳天気なオプチミズムには、いかなる根拠もないことは、ネット依存症の様々な深刻事例を見れば明らかです。とくに子供たちの育児や教育の環境を考えれば、メディアの問題を社会が放置しておくのは危険で無責任です。

そこで、第三の道が課題になる。

「再帰」という言葉には、二つの英語の言葉を対応させて考えることができます。これまでメディアのフィードバック回路を語ってきましたが、そこでの「再帰、再帰性」とは recursion（繰り返し再び戻る）、recursivity に対応するでしょう。他方、英語の reflexion, reflexivity に結びつけて「再帰、再帰性」を解釈することも可能です。reflect とは屈折する・反省するという意味です。つまり、捉え返して意識化する。

社会理論に「再帰的近代 reflexive modernity」、「再帰的近代化 reflexive modernization」という考え方があります。

近代の歴史をとらえ返してみると、近代文明は産業化していくにつれて地球資源を消尽し、環境汚染や自然破壊を引き起こしてきた。人間の生活環境の劣化を招き、人間性を破壊するようなことも起こってきた。人類社会の持続可能性の問題が浮上してくるわけです。

図6－4　ウルリッヒ・ベック

現に日本でも、高度成長の時代に深刻な公害問題が多発して、環境問題が深刻化しました。地球の温暖化による気候変動が大きな災害をもたらし、そしてチェルノブイリや福島第一原発事故のような大災害も起こった。そこで地球資源や人間資源の有限性から出発して、社会を構想しなおそうという社会的な価値観が生まれてくる。たとえば資源の計画的再利用とか、持続可能な循環型社会をつくるとか、そのような価値を軸として産業社会が考え直される。

このような段階に来た近代産業社会を「再帰的近代化」の段階にある社会と呼んで、その成り立ちを考えて近代化の経験をとらえ直そうという考え方が注目を集めるようになりました。『リスク社会――新しい近代への道』を書いたウルリッヒ・ベック（一九四四―二〇一五）はハーバーマスと並び、ドイツを代表する社会理論家でしたが、経済と科学技術が発展するにつれ富の社会的生産と並行してリスクが社会的に生産され、富の分配の問題に加えて、科学技術や経済が生み出すリスクの定義と分配が社会的論争のテーマになった「リスク社会」の段階に進むと述べて、これを「再帰的近代」と呼びました。

経済の合理化とテクノロジーの進化とが究極にまで到達してしまった近代産業社会が内在的に発生させるリスクをとらえ返し、その反省を起点にして、社会システム自体にフィードバックの仕組みをはたらかせる持続可能な社会をつくっていこうという主張です。

ベックは、イギリスの社会学者のアンソニー・ギデンズやアメリカの社会学者スコット・ラッシュとともに『再帰的近代化』という著作を著しています。日本でも世界でも一九八〇年代に「ポスト近代」が議論されましたが、それとは異なり、「再帰的近代」は近代化に内在するリスクや破壊をふまえて近代化を反省的に捉え返そうとする価値観を打ち出しているといえます。

私は、その近代化のプロセスにおいてますます重要度を高めてきているメディア・システムにもその再帰性のパラダイムをはたらかせるべきであると考えるわけです。「メディア再帰社会」というのは、メディアがいろいろなことを決定していくディメンションを持っている社会であるという記述的な概念であるとともに、これからの社会はメディアについての問いをその社会の成り立ちの中に組み込んでいる――その意味でメディア再帰的な――社会をめざすべきだという価値観の訴求でもあるのです。それはまた、第5章で述べたような「精神のエコロジー」の提唱でもあります。

†クリティークの更新は可能か

では、それは具体的にどのようなことか。

メディアに関して再帰的な問いを立てるとは、従来、「クリティーク（批評・批判）」と呼ばれてきた活動がおこなってきたことです。メディアはどのように意味や意識を生み出し、社会の他のシステムとどのような関係にあるのか。それは人間にとって、良いことなのか、悪いことなのか。活字メディア、あるいはアナログ・メディア時代のような固定したあり方をメディアが離れ、すでに何度も述べてきたように、メディア自体が再帰化した現在、社会の再帰的な活動であるクリティークを、どのように更新していけばよいのか。意識が有限資源であり、近代化のベクトルであったメディア自体が、リスクを増大させるようになってきたときに、どのようにして、クリティカルなフィードバック回路をつくっていったらいいいか。

そのためには、まず、「知の回路」が必要。手前味噌の言い方になりますが、社会にもっと「メディアの知」が共有されていく必要があります。この本をとおして紹介してきたような、「メディア論」は、一九世紀の学問分野が依然として支配している現在の大学のアカデミズムのなかでは、マイナージャンルの扱いを受け続けています。これはおかしなことです。現在の社会におけるメディアと情報問題の重要性を考えれば、現在の研究と教育の体制は大幅に見直されるべきです。そのためには、この講義を通じて説いてきた新しい記号論のような基礎学から始まって、メディアと情報の学の研究と教育、そして人材育成の体制を整備していく必要がありますが、それについて語るときりがありませんから、ここでは、その点について確認だけして先に進みます。

†認知テクノロジーとリテラシー実践

第5章で紹介したことですが、メディア生活がデジタルに移行したときに、メディア現象をIT技術で書き取り、分析して、知識を抽出することが容易になった。私たちの研究室のプロジェクト「メディア分析のためのクリティカル・プラットフォーム Critical PLATEAU」や、仏ポンピドゥー・センターIRI研究所の「Polemic Tweet」という批評空間の構築、デジタル・アーカイヴやハイブリッド・リーディング環境の設計などの事例をお話ししました。

こうした、デジタル・テクノロジーを活用した「批判の道具」を、「認知テクノロジー」と呼んだりしています。デジタル・メディアの作用をとらえて分析し知識として総合していく。メタな認知環境の構築は、社会の中に、メディアの作用をとらえかえす、「再帰的な認識の回路」を具体的に実装するために役に立ちます。メディア社会におけるメディア作用の「批判」は、紙のうえで文字をベースにおこなうカント以来の批判を超えて、批判の活動自体がテクノロジーとして実装される必要があるのです。メディア再帰社会においては、こうした研究開発をどんどん増やしていって、人間がメディアを捉え返す知の回路が社会に行き渡る必要があります。

そして、そのときにこそ、人びとは、メディア・リテラシーのための技術的手段を得て、それぞれのメディア・プラクティスを自由に繰り広げることができるようになる。すでに言いましたように、いままでは皆、ハリウッド映画会社とかテレビ放送局なみの手段をモバイル・メディアとして手軽に持ち歩いているのですから、ほんとうのメディア表現とその文化は、むしろこれから、華々しく花開くことになるはずなのです。

そのときには、学校や図書館や文化センターなどの公共機関が、地域のそうした活動を支えて、人びとの実践をサポートする機能を果たしていくべきです。そのためには、学校や図書館や各種文化センター、あるいは書店などが、デジタル時代の公共空間のハブとして、生まれ変わる必要があります。こうした公共空間を更新させる企て、図書館の刷新の動きなどについては、例えば、菅谷明子さんの『未来をつくる図書館　ニューヨークからの報告』のようなメディア・リテラシーの研究を参照してください。私自身もこうした方向を模索して、大学図書館の改革に取り組んだことをすでに第5章でお話ししました。

†自分のプラットフォームをつくる

再帰化するメディア生活で、個人は、さまざまな情報サービス産業に囲い込まれていきます。アマゾンのリコメンド・サービスはあなた以上にあなたの読書傾向を知り、趣味を知り、それに合わせてますます、あなたはアマゾン・サービスのプロフィールに近づいていきます。あなたよりも先に、コンピュータ・サーバー上のアヴァター（化身）の方があなたを「先取り」してゆき、あなたの方がアヴァター化していく。あなたの部屋のワードローブを探すより前に、ユニクロのサイトで去年や一昨年の購入履歴を探した方がすぐにあなたの明日のお洋服コーディネイトを考えやすいかもしれない。モノのインターネット（IoT）の普及により、身の回りのモノたちがどんどんサポートしてくれるようになれば、さらに、こうした状態は激化するでしょう。

第2章で、メディアの時代になると、スペクトル（亡霊）が徘徊するスペクタクルの社会になるといいましたが、デジタルなメディア再帰社会においては、スペクトルたちは、アヴァターと化して、ドッペルゲンガーとして、あなたを取り囲むようになるでしょう。

そのとき、あなたは、「自分とはいったい誰なのか？」、「私であるとは何なのか？」という問いに強くとらわれるに違いない。

それに備えるには、デジタル・メディアをベースとした生活において、自分自身の再帰化のためのプラットフォーム、つまり自分の価値観・考え方・注意力の配分を自分で捉え返して、自分自身の情報生活をデザインできるノウハウと環境を確保しうる必要があります。

これからは個人の情報生活を自分でデザインできる条件を考えていかねばならない。人々は、日常的に、さまざまなメディア・プラットフォームに誘導されますが、自分を表現しうる、自分のプラットフォームをいかにしてつくるかというテーマが浮かび上がってくるわけです。これからの人間は、「個人になるプロセス」をデジタル・メディア上にデザインしていく能力を磨かねばならない。各人の情報生活において、個人化のプロセスをいかにして進めていけばよいか、これが個人における、精神のエコロジーの問題です。

†来たるべきユマニスト

最後に学校と教育です。

学校はかつて、稀少な情報を得るための機関だった。しかしいまはむしろ、氾濫する情報の中で有為なものを選別し、要らないものを捨てていかねばならない社会です。ですからこれからの学校は、情報の過剰に対応する教育を行う場所という役割があるはずです。

そこではメディア再帰的な人間、自ら意識的に注意力の配分をオーガナイズできるような人間を育てていく必要がある。社会において個人化のプロセスをキュレーション（養生）できる道筋をきちんと提示し、体得できる施設・設備は不可欠です。

現在の状況を放置すれば、注意力をめぐる競争に子供たちが巻き込まれることは目に見えている。精神のエコロジーのために、公的機関がこれまでお話ししてきた、メディア再帰的な価値を教育によって保障する役割を担っていかねばならない。

いま、デジタル・ヒューマニティーズ（digital humanities）という人文学の刷新の動きが世界に拡がっています。私自身も東大でデジタル・ヒューマニティーズの大学院横断プログラムの責任者をやっています。ヒューマニティーズとは「人文知」と訳され、ルネサンス以来、書物を基礎とする人文の学術文化およびその基礎にある学究的な態度を指してきました。いま、書物だけで文化は成り立たず、知もまたデジタル基盤へと移動する傾向を示すとき、人文知もまた再定義される時代を迎えています。

これまで述べてきたように、デジタルな基盤に批判の活動の場を移動させ、次の世代の研究者や教育者を育てるために、私たちの時代の学芸の基礎として〈新しい人文知〉を示すときです。人文学をおこなう学者には、この時代にふさわしい基礎知を伝授して、〈来たるべきユマニスト（人文の人）〉を育てる使命があるのだと、私たち大学人は深く自覚する必要があると考えているのです。

おわりに

これで、六回におよんだ、「大人のためのメディア論講義」はおしまいです。

本書の「はじめに」では、なぜ「大人のため」の講義なのか、はっきりとは説明しませんでした。でも、この本を読んでこられた読者の皆さんには、なぜ、この本が「大人のためのメディア論講義」なのか、少し分かっていただけたのではないかと思います。

とくに、ビジネスにたずさわる人びとには、この本は、直接には役に立つわけではないが、私たちの世界の「情報」や「経済」の問題にリフレクシヴになる——この本がいう、〈再帰的〉になる——ために役に立つかな、と思っていただけたなら、この本を書いた私としては著者冥利につきます。

今回の執筆の直接のきっかけは、筑摩書房が読者に呼びかけて開いている「ちくま大学」の講義でした。夜の講義でしたが、月に一度読者のみなさんが熱心に足を運んで私の話に耳をかたむけ、ときに鋭い質問を投げかけてくださいました。あらためて御礼申し上げます。
この本の内容は、私が大学で担当している東京大学ＥＭＰ（エグゼクティブ・マネージメント・プログラム）の講義とも多く重なるところがあります。東大ＥＭＰは、企業や官庁の幹部候補生が集う少人数集中プログラムですが、ビジネス・エリートや国家の政策立案にたずさわる若手官僚の皆さんの食い入るような知的好奇心と、鋭い突っ込みに、丁々発止のスリリングな対話の連続で、いつも大きな刺激を受けています。関係者の皆さんにも御礼を申し上げます。

私は、かれこれ、三〇年ほど大学の教師をつづけてきていますが、その間の大学の変わりようにはおどろかされます。九二年に東大に戻り、新しい大学院専攻の設立に参画しました。そのときに、東大として最も早く社会人入試を実施し、社会人を受け入れるために土曜日にも開講することにしました。私の土曜ゼミはそれ以来、若い現役の学生も妙齢の社会人学生も混じり合っていまも続いています。テレビ人やジャーナリストもいれば広告代理店で働く人、他の大学で教える人、リタイアした教養人もいて、国籍もさまざまの院生とともに、ああだこうだと議論に花を咲かせています。これは以前の大学ではまったく考えられないことでした。ゼミ出身者は社会のさまざまな分野に進出して活躍していますが、教師の私が得たことの方がたぶん多くて、現実の社会について、ずいぶんと勉強させてもらいました。

二〇〇〇年には、今度は、「情報」をキーワードに東大に新しい大学院を創るミレニアム・プロジェクトということで、東京大学大学院情報学環の設立に参画しました。新しい千年紀を前にして、情報諸学を結んで文理融合の組織をつくるチャレンジでした。集まってきたのは、コンピュータ科学、ロボット工学から、医療科学や生命科学、言語学や哲学、法学や社会学、教育学、歴史学にいたる、各分野を代表するトッププレーヤーたちばかりで、学際情報学の研究と教育のためのこのドリームチームに参加して、異分野の研究者と親しく交わり専攻分野を超えてフィールドを拡げえたことが、現在の私の情報とメディアをめぐる研究の骨格をつくりました。石田記号論は、一五年間にわたるこの情報学環の冒険のなかで鍛え上げられたものなのです。

四半世紀余りの大学教師生活を振り返ると、世界の動きのめまぐるしさに眩暈を感じるほどです。大学も大転換を遂げてきましたし、私の研究領域である、情報とメディアは、人類文明史においても、もっとも急激でもっとも巨大な大変化を経験してきました。私たちは、いまだ、その変化の渦のなかにいるといえます。

このようなときには、細かい議論よりも、知の状況を俯瞰的に大づかみできる海図を示すことが必要であろうと考えて、この本では、この一〇〇年ほどの私たちのメディア生活の変容を、単純化をおそれずに描き出してみました。

この講義を通して紹介してきた、どの点に関しても、いずれ詳しい学問的な議論によるフォローが必要で、末尾に付けました参考文献リストに挙げられた諸研究を読んでいただきたく思います。本書で語った、私自身が提唱している、新しい〈記号の学〉については、目下、自分の magnum opus（主著）ともいうべき分厚い本を書き進めているところですので、その刊行をお待ちいただければと思います。

大学運営に努力を傾注し、研究資金の獲得に走り、新しい研究分野の開拓に挑んでいるあいだに、気がつくと、象牙の塔に閉じ籠るような生活をしている自分に気づくこともしばしばです。私が赴任した一九九〇年代は、東大駒場が輝いていた時代で、「閉ざされた塔から開かれた濃密さへ」が、変革の合い言葉でした。それからずいぶんの歳月が流れ、「知の変革」いまだならずの感もなしとはしませんが、知識界でも出版界でも「知」が息切れを起こしかねない状況のなかで、この新書が、適度な「開かれた濃密さ」をもって、読者の皆様に、「知の道しるべ」を与えうるとすれば、それ以上の歓びはありません。

末尾になりますが、編集を担当していただいた天野裕子さんに深く感謝申し上げます。

二〇一六年一月

石田英敬

参考文献（本文初出出現順に列挙）

はじめに

Azéma, Marc *La Préhistoire du cinéma : Origines paléolithiques de la narration graphique et du cinématographe*, Editions Errance 2015

第1章

フロイト、ジグムント「『不思議のメモ帳』についての覚え書き」本間直樹責任編集『フロイト全集18 1922〜24年 自我とエス』岩波書店、二〇〇七年、三一七〜三二三頁

フロイト、ジグムント「自我とエス」本間直樹責任編集『フロイト全集18 1922〜24年 自我とエス みずからを語る』岩波書店、二〇〇七年

プラトン『パイドロス』藤沢令夫訳、岩波文庫、二〇一五年（初版一九六七年）

デリダ、ジャック「プラトンの薬法」（邦訳「プラトンのパルマケイアー」）『散種』藤本一勇・立花史・郷原佳以訳、法政大学出版局、二〇一三年

第2章

ルロワ＝グーラン、アンドレ『身ぶりと言葉』荒木亨訳、ちくま学芸文庫、二〇一二年

ペンフィールド、ワイルダー『脳と心の神秘』塚田裕三・山河宏訳、法政大学出版局、二〇一一年
エーコ、ウンベルト『完全言語の探求』上村忠男・廣石正和訳、平凡社ライブラリー、二〇一一年
ソシュール、フェルディナン・ド『一般言語学講義』小林英夫訳、岩波書店、一九七二年
ベンヤミン、ヴァルター「複製技術時代の芸術」『ベンヤミン・コレクション1 近代の意味』浅井健二郎編訳、久保哲司訳、ちくま学芸文庫、一九九五年
宮沢賢治「春と修羅」序、「銀河鉄道の夜」(『宮沢賢治全集1』ちくま文庫、一九八六年『宮沢賢治全集7』ちくま文庫、一九八五年)
ライプニッツ、ゴットフリート・ヴィルヘルム・フォン「結合法論」、「普遍的記号法の原理」『ライプニッツ著作集 第一巻 論理学』工作舎、一九八八年
キットラー、フリードリヒ『グラモフォン・フィルム・タイプライター』上・下巻、石光泰夫・石光輝子訳、ちくま学芸文庫、二〇〇六年
フッサール、エドムント『内的時間意識の現象学』立松弘孝訳、みすず書房、一九六七年
スティグレール、ベルナール『技術と時間1 エピメテウスの過失』石田英敬監修、西兼志訳、法政大学出版局、二〇〇九年
スティグレール、ベルナール『技術と時間2 方向喪失』石田英敬監修、西兼志訳、法政大学出版局、二〇一〇年
スティグレール、ベルナール『技術と時間3 映画の時間と〈難‐存在〉の問題』石田英敬監修、西兼志訳、法政大学出版局、二〇一三年

第3章

ブーニュー、ダニエル『コミュニケーション学講義　メディオロジーから情報社会へ』西兼志訳、書籍工房早山、二〇一〇年

パース、チャールズ・サンダース『記号学（パース著作集）』内田種臣訳、勁草書房、一九八六年

テイラー、フレデリック『新訳　科学的管理法』有賀裕子訳、ダイヤモンド社、二〇〇九年

レーニン、ウラジーミル（V. I. Lenin）"The Taylor System—Man's Enslavement by the Machine", tr. by Bernard Isaacs and The Late Joe Fineberg in *Lenin Collected Works*, Progress Publishers, 1972, Moscow, Volume 20, pp. 152-154

グラムシ、アントニオ『グラムシ　獄中ノート』石堂清倫訳、三一書房、一九七八年

Gramsci, Antonio "Americanism and Fordism" (1934) in *Selections from the Prison Notebooks*, tr. by Geoffrey N. Smith International Publishers 1971

バーネイズ、エドワード『プロパガンダ教本』中田安彦訳、成甲書房、二〇〇七年

ユーウェン、スチュアート『PR！　世論操作の社会史』平野秀秋・左古輝人・挟本佳代訳、法政大学出版局、二〇〇三年

ル・ボン、ギュスターヴ『群衆心理』桜井成夫訳、講談社学術文庫、一九九三年

ホルクハイマー、マックス／アドルノ、テオドール・W.『啓蒙の弁証法—哲学的断想』徳永恂訳、岩波文庫、二〇〇七年

第4章

シャノン、クロード／ウィーヴァー、ワーレン『通信の数学的理論』植松友彦訳、ちくま学芸文庫、二〇〇九年

ペゾルド、チャールズ『チューリングを読む─コンピュータサイエンスの金字塔を楽しもう』井田哲雄他訳、日経BP社、二〇一二年

ホッジス、アンドルー『エニグマ　アラン・チューリング伝　上』土屋俊・土屋希和子訳、二〇一五年

ボルヘス、ホルヘ・ルイス「学問の厳密さについて」『汚辱の世界史』中村健二訳、二〇一二年

ボルヘス、ホルヘ・ルイス「フネス　記憶の人」『伝奇集』鼓直訳　岩波文庫、一九九三年

Kaplan, Frederic "Quand les mots valent de l'or : vers le capitalisme linguistique" *Le Monde diplomatique*, nov. 2011 p.28

Boutang, Yann Moulier *Cognitive Capitalism*, Polity 2012

ライプニッツ、G.W.『モナドロジー・形而上学叙説』中公クラシックス、二〇〇五年

オーウェル、ジョージ『一九八四年』高橋和久訳、ハヤカワepi文庫、二〇〇九年

Rouvroy, Antoinette et Berns, Thomas "Gouvernementalité algorithmique et perspectives d'émancipation" in *RESEAUX* No.177 janv 2013

ドゥルーズ、ジル「管理型統治への追記」『記号と事件』宮林寛訳、河出文庫、二〇〇七年

第5章

マクルーハン、マーシャル『グーテンベルクの銀河系──活字人間の形成』森常治訳、みすず書房、一九

八六年
Simon, H. A.（1971）“Designing Organizations for an Information-Rich World” in：Martin *Greenberger, Computers, Communication, and the Public Interest,* Baltimore. MD：The Johns Hopkins Press. pp. 40–41
Hayles, N. Katherine “Hyper and Deep Attention：The Generational Divide in Cognitive Modes” Profession 2007, pp. 187–199
クレーリー、ジョナサン『24/7：眠らない社会』岡田温司監訳、石谷治寛訳、ＮＴＴ出版、二〇一五年
石田英敬「意味のエコロジーとは何か」『ＵＰ』No.377　東京大学出版会、二〇〇四年三月号、九～一五頁
石田英敬「モバイル・メディアと意味のエコロジー」『Mobile Society Review 未来心理』二〇〇五年 Vol.003　ＮＴＴモバイル社会研究所、一二～一九頁
石田英敬・西兼志・高畑一路・阿部卓也・中路武士「テレビ分析の〈知恵の樹〉」『東京大学大学院情報学環紀要』No.70、二〇〇六年一月、三～六四頁
石田英敬「モバイルメディアとクリティカルスペース」『Mobile Society Review 未来心理』、二〇〇七年 Vol.009　ＮＴＴモバイル社会研究所，三二～四一頁
石田英敬・西兼志・中路武士・谷島貫太「批評プラットフォーム〈クリティカル・プラトー〉」『情報学研究：東京大学大学院情報学環紀要』No.79, 二〇一〇年一一月、一～四六頁
Anderson, Chris “THE END OF THEORY：THE DATA DELUGE MAKES THE SCIENTIFIC METHOD OBSOLETE” Wired 06.23.08.：http://www.wired.com/2008/06/pb-theory/

Dehaene, Stanislas *Reading in the Brain: The New Science of How We Read*, Viking Adult, 2009
ウルフ、メアリアン『プルーストとイカ—読書は脳をどのように変えるのか？』小松淳子訳、インターシフト、二〇〇九年
Changizi, Mark A., Zhang,Qiong Ye, Hao and Shimojo, Shinsuke "The Structures of Letters and Symbols throughout Human History Are Selected to Match Those Found in Objects in Natural Scenes", vol. 167, no. 5 the american naturalist May 2006
エーコ（ウンベルト）、カリエール（ジャン＝クロード）、『もうすぐ絶滅するという紙の書物について』工藤妙子訳、CCCメディアハウス、二〇一〇年
マクルーハン、マーシャル『グーテンベルクの銀河系——活字人間の形成』森常治訳、みすず書房、一九八六年
キットラー、フリードリヒ「メディアの存在論に向けて」大宮勘一郎訳、石田英敬他編『デジタル・スタディーズ2　メディア表象』東京大学出版会、二〇一五年

第6章

ボードリヤール、ジャン『記号の経済学批判』今村仁司・宇波彰・桜井哲夫訳、法政大学出版局、一九八二年
マクルーハン、マーシャル『メディア論—人間の拡張の諸相』栗原裕・河本仲聖訳、みすず書房、一九八七年
フロイト、ジグムント「文化の中の居心地悪さ」『フロイト全集20　ある錯覚の未来　文化の中の居心

地悪さ』高田珠樹監修、岩波書店、二〇一一年

スティグレール、ベルナール『象徴の貧困〈1〉ハイパーインダストリアル時代』ガブリエル・メランベルジェ他訳、新評論、二〇〇六年

ベック、ウルリッヒ『危険社会―新しい近代への道』東廉、伊藤美登里訳、法政大学出版局、一九九八年

ベック（ウルリッヒ）、ギデンズ（アンソニー）、ラッシュ（スコット）『再帰的近代化―近現代における政治、伝統、美的原理』松尾精文・小幡正敏・叶堂隆三訳、而立書房、一九九七年

Nelson, Theodor. 1974. *Computer Lib : You Can and Must Understand Computers Now ; Dream Machines : New Freedoms Through Computer Screens*— A Minority Report. Self-published

菅谷明子『未来をつくる図書館　ニューヨークからの報告』岩波新書、二〇〇三年

水越伸『メディア・ビオトープ―メディアの生態系をデザインする』紀伊國屋書店　二〇〇五年

石田英敬、吉見俊哉、マイク・フェザーストーン編　シリーズ「デジタル・スタディーズ」全三巻『1　メディア哲学』『2　メディア表象』『3　メディア都市』東京大学出版会、二〇一五年

ちくま新書
1167

大人《おとな》のためのメディア論講義《ろんこうぎ》

二〇一六年一月一〇日　第一刷発行
二〇二五年四月一五日　第五刷発行

著者　石田英敬（いしだ・ひでたか）
発行者　増田健史
発行所　株式会社　筑摩書房
東京都台東区蔵前二－五－三　郵便番号一一一－八七五五
電話番号〇三－五六八七－二六〇一（代表）
装幀者　間村俊一
印刷・製本　三松堂印刷　株式会社

ISBN978-4-480-06871-2 C0200